张宝秀◎主编

虞思旦　朱永杰◎副主编

中国地方学研究成果系列

地方学研究

基于亚洲地方文化视角

第 9 辑

知识产权出版社

全国百佳图书出版单位

—北京—

图书在版编目（CIP）数据

地方学研究. 第 9 辑，基于亚洲地方文化视角/张宝秀主编. —北京：知识产权出版社，2024.12

（中国地方学研究成果系列）

ISBN 978-7-5130-9265-4

Ⅰ.①地… Ⅱ.①张… Ⅲ.①文化研究—亚洲—文集 Ⅳ.①G11-53

中国国家版本馆 CIP 数据核字（2024）第 030437 号

责任编辑：张水华　　　　　　　　　责任校对：王　岩
封面设计：邵建文　马倬麟　　　　　责任印制：孙婷婷

地方学研究（第 9 辑）：基于亚洲地方文化视角

张宝秀　主　编
虞思旦　朱永杰　副主编

出版发行：知识产权出版社 有限责任公司		网　　址：http://www.ipph.cn	
社　　址：北京市海淀区气象路 50 号院		邮　　编：100081	
责编电话：010-82000860 转 8389		责编邮箱：46816202@qq.com	
发行电话：010-82000860 转 8101/8102		发行传真：010-82000893/82005070/82000270	
印　　刷：北京中献拓方科技发展有限公司		经　　销：新华书店、各大网上书店及相关专业书店	
开　　本：720mm×1000mm　1/16		印　　张：11.5	
版　　次：2024 年 12 月第 1 版		印　　次：2024 年 12 月第 1 次印刷	
字　　数：180 千字		定　　价：79.00 元	

ISBN 978-7-5130-9265-4

前 言

F O R E W O R D

自 2018 年开始，中国地方学研究联席会决定编辑出版学术集刊《地方学研究》，可由成员单位分别主编。截至目前，《地方学研究》已经出版 8 辑，其中第 1、4、6、8 辑由鄂尔多斯学研究会汇编成册，第 2、3、5、7 辑由北京学研究所汇编成册。

《地方学研究（第 9 辑）》由北京学研究所编辑出版，以"基于亚洲地方文化视角"为本辑的副标题，共收录文章 17 篇，其中 8 篇选自北京学研究基地开设的"东亚首都文化"和"亚洲地方文化"系列讲座的报告内容，9 篇为北京联合大学教师承担的科研项目和硕士研究生在导师指导下承担的"北京学高精尖学科"学生创新项目等课题研究成果。

需要特别说明的，一是"东亚首都文化"和"亚洲地方文化"系列讲座开阔了学生们的视野，促进青年学生更好地了解亚洲各国的文化，更深入地理解彼此之间的联系和交流，对亚洲的过去、现在和未来进行较多的思考，对于加强亚洲地区青年人之间的相互了解和文化沟通具有积极意义；二是自 2019 年开始，北京学研究基地设立"北京学高精尖学科"学生创新项目，包括科学研究和实践创新两类项目，学生根据"北京学高精尖学科"重点研究方向和所属学科实际情况选择申报类别，设计具体项目名称，开展科学研究和创新实践，旨在促进北京学学科建设，加强学生科研创新能力的培养，助力提高研究生培养质量。截至目前，"北京学高精尖学科"学生创新项目已立项 100 余项，取得了一批研究成果，《地方学研究（第 9 辑）》选用了其中部分成果。

《地方学研究（第 9 辑）》文章内容丰富，涉及东亚文化圈、地方学与地方研究、都城历史文化、文化遗产保护、地方文化、文化交流、区域发展等主题，深入浅出地展示了亚洲首都文化、地方文化诸多相关领域的特点和联系，充分表明亚洲地区尤其是东亚各国地缘相近，有着共同的文化传统和协作动力，在人类命运共同体构建中拥有美好的未来发展前景。

在此，《地方学研究（第9辑）》编委会对国内外各位作者不吝赐稿表示衷心的感谢；对辛苦审阅、修改文稿的各位专家表示衷心的感谢；对知识产权出版社给予的大力支持和帮助表示衷心的感谢。集刊中如有不当之处，还请各位方家赐教。希望在大家的共同努力之下，不断将更好的地方学研究成果呈现给读者。

中国地方学研究联席会学术委员会

北京学研究基地《地方学研究（第9辑）》编委会

北京历史文化研究

地方学理论研究

历史地理学与地方研究*

唐晓峰**

【摘　要】 地方学研究一个城市或区域。地方学所构建的学科群包括地理学、历史学、考古学、社会学、建筑学等很多学科。历史地理学是地方学的骨干学科之一。历史地理学关注的最基本问题是地表要素对城市和区域发展的影响，是考察人地系统的学科，关注区域性、空间性、地方感。

【关键词】 地方学；地方研究；历史地理学；人地关系

历史地理学是一个学科，地方研究或者地方学现在正发展得越来越有影响力，二者之间的确有很密切的关系，所以说讨论一下这个问题，还是有必要的。

地方学，特别是我们所倡导的北京学，因为中国的特殊情况，这个"学"与我们平常说的物理学和数学不一样，北京学是研究领域，而不是说从科学时代诞生之后分离出来了不同的学科，不是这样意义上的一个学科，但它是一个重要的研究领域，可以用中国学问这个词来理解这个"学"字。

北京学在北京研究中实际上是一个学科群，用历史、地理学科来表示。建立这样一个平台，实际上就是在协调和组织一个学科群，来对一个共同的研究目标提出研究。相应地，北京学的研究，也不是一两个学者的

---

　　* 本文是作者为北京学研究基地"东亚首都文化"系列讲座所作报告内容。
　** 唐晓峰，北京大学城市与环境学院历史地理研究中心教授。

事情，它实际上是一个学者群的事情。但是在具体研究中，不同的问题会对应不同的核心学科，我想大家很容易理解。

有人问地方学与过去中国传统的方志学有什么不同，我觉得它们差别很大，传统的方志学读起来很没意思，都是记录一些东西，"志"这个字在中国古代就是记录的意思。过去"志"和"说"的区别，"说"就是要讨论这个道理，但是"志"只是讲它的史实记录。方志主要是记录，而地方学很重要，它要提出问题，要解释问题，还要解决问题，就像侯仁之先生讲的研究北京、服务北京，包含了这样一个整体的过程。地方学在内容的广泛性上，也是远远超过了方志学。地方学所构建的学科群，包括地理学、历史学、考古学、社会学、建筑学等很多学科。

历史地理学是地方学的骨干学科之一，今天要从历史地理学的角度来看一下它和地方学之间的关系，或者历史地理学的研究特点是什么。

下面简单说一下历史学和历史地理学的叙事区别，同样一个研究对象，不同的学科实际上会选择不同的角度，大家都来谈这件事情，但是谈的角度不一样，叙事的方式不一样。先注意一下历史地理学和历史学在研究北京的时候，在叙事的时候，有什么样的根本性区别。历史学是关注人的行为，关注历史事件、历史名人、社会制度、社会体系等，研究中非常关注的是人物，比如说北京史研究关注安禄山、忽必烈、永乐皇帝和于谦，是以人为核心进行叙事的学科。

地理学则不然，地理学关注的最基本的是地表要素对城市和区域发展的影响，是考察人地系统。地理学在叙事的时候，往往以这样一些东西为主角，比如说永定河冲击扇在北京发展历史上有什么影响，西山的泉水在北京历史发展上有什么影响，出场的不是人物，而是重要的地理要素。莲花池在北京地区有什么影响，昆明湖、白莲潭、居庸关、海淀台地等，它们各自在北京发展的历史上有过什么样的影响，这就是历史地理学要问的事情，或者历史地理学所关注的一些要素，而不是人物。

历史学家每提到一个历史人物，他会想到这个历史人物的贡献。地理学家每看到北京地区一种重要的地理要素，就会想这个地理要素在北京历史上产生了什么样的影响。如果出考试题，历史学者可能就这样出：请你回答海陵王在北京历史上起过什么样的作用？历史地理学家出题就不这样，他们会这样问：北京小平原的地貌特点对北京历史的发展有什么影响？或者说永定河水性在北京历史上有什么影响？甚至可以说再小一点，再聚集一点：海淀台地在北京发展的历史上有什么影响？问问题的方式是不一样的，这是历史地理学和一般的历史学一个很大的区别。

历史学家可能会说"郭守敬找到了白浮泉"，但是历史地理学家会说"白浮泉被郭守敬找到了"。问问题的方式不一样，所关注的角色不一样，我们要关注各个地理要素对北京所发挥的作用，我们要负起责任来，我们要关注这些东西，我们要解释它们的意义。

我们从三个角度讨论一下历史地理学在历史研究中的特点，它们是区域性、空间性、地方感，用现代地理学的理论来讲，就是我们用地理学所关注的概念来看怎么样做历史地理学的叙事。

先看区域性这个问题，从地理学的角度来看，地方学研究的不是一个点，而是一个区域，所以说地方学实际上也是区域学，地理学先把它定义成一个区域研究。地理学中的区域是什么？是一个人地系统，可能各个学科都会提出"区域"这个概念，经济学家提出了经济区域，文化学家提出了文化区域，地理学家所讲的区域里面有特定的内容，这个内容就是人地系统和人地关系。

还要进一步思考，所谓的人地系统不是四平八稳的，有主题性的属性，这种属性我们称为区域性。我们要分辨各个时期有一些什么样的不同区域性。历史地理学家考察区域性的时代特征会从过去两三千年各个不同时期的时代特征、结构特征以及延续和变异出发，往往从这些方面来提出问题。

对一个地方为什么要做区域性的判断？如果一个区域没有发展的方向，没有人类所关注的意义，没有价值判断，那么这个区域是苍白的，所以我们关注一个区域的时候，一定要了解这个区域的发展方向，了解其最核心的价值、最核心的意义在哪里。这样我们对这个区域才有更加明确、具体、深入的认识。

北京历史上可以非常粗略地分出四个不同时期的区域特征，分别处于不同的时代：第一个是原始人类的活动地域，第二个是华北农业区，第三个是华北战区（战区是今天的术语，有军事性），第四个是京畿地区（大都城地区）。下面就对这四个时期的地域从地理学的角度做一个简单的叙事。

我们先看一下原始人类的活动地域，这是一个最简单的时代，这个时代在北京地区有一个基本的供人类活动的生态系统，在气候、地貌、水文等方面，北京都具有人类需要的完整条件，或者说是基本条件。这些东西和人类所形成的关系也是很简单的，它是一种基本的生活情景，在我们的常识层面上，认识它是非常容易的，也不需要太多的论证。这是一个原始初期的时代，这个区域性也是非常单纯的，最基本的人类活动区。

北京地区的山顶洞人和门头沟的东胡林遗址，都是在这个时代一些重要的人类活动的痕迹，人类活动的痕迹与当时的环境有非常简单的对应关系，这个人地系统是基本的，也是简单的，也是非常容易证实的。

下一个时代会复杂一些，就是华北农业区，这个时期从进入文明社会开始，一直发展到秦汉时期，在南北朝时期结束。这个时期的特点是一个城邑统领一片农业地区，中国古代的中原和华北地区是非常典型的模式，其中很多地方都出现这样的情况：有城邑出现，周围都有一片结合起来的农业区。规模、性质都差不多，在早期的时代都差不多，有基本的城邑和农业地带结合起来的模式，所有的环境也都是这样，一种基本的农业地带环境中产生了一种与人类的关联性，这是中国古代农业社会的一种典型模式。

在这个阶段，北京小平原表现出来的区域性和很多地方没有太大的区别，就是一个城邑所统领的一片农业区。这个时候城市出现了，城市要和流动的水结合起来，这是人地系统的一个特色，当然这种特色不只出现在北京地区，所有城邑地区都会出现，流动的水对城市的发展非常重要。

在这个阶段有一个非常微小的变化，这个变化后来的价值非常大，这个时候并没有一下子显现出来。当时燕国从南边杀入北京小平原，夺取了蓟城，蓟城原来是另外一个诸侯国蓟国的都城，燕在琉璃河地方，都城在琉璃河，但是很快燕国灭掉了北方的蓟国，而且把都城搬到了蓟城。这样一个小国家的都城的重新选择，说明了蓟城有独特的地理位置，燕放弃原来琉璃河的位置，而将都城选在了蓟城，说明这个地方与人类的关系更加重要，显示出了这个地方的优越性，但是这个优越性的潜力只有初步表现，还没有充分发挥出来。

这个时候在北京小平原出现了一个国家，就是以蓟城为都城的燕国，基本上统治了北京小平原，燕国这个国家并不强大，建立之后，很长时间是一个弱小的国家，像司马迁的《史记》里面讲有几百年的时间，燕国与中原没有来往，也不和中原通信息，中原人民不知道北方的燕国是什么样的情况，说明这个小国在这个时候的发展很简单。这个时候在区域性和区域系统上面并没有一些大的飞跃，仍然只有基本特点，就是一个城市率领一片农业地带，这个城市也没有什么了不得，并不是很大，并没有跟其他地方的模式有本质的区别。

一直到后来的秦朝，在这里设立郡县，到汉朝依然在这里设立郡县，它基本的地区属性还是没有发生巨大的变化。可能有一些量变，但是质变没有出现。如果我们细致观察，能看到这个时代，有一个重要的人地系统的大事件出现，这个事件在一定程度上改变了这个地区，这个事件是车箱渠。三国时期，刘靖开始在这里引入永定河的水，不是为了解决城市用水，是解决农业发展问题，所以我们看到这个地区农业依然是主题，这个地区最主要发展的目标就是提高农业的产量。车箱渠引永定河的水，历史记载增加了很多农田，农田得到水的灌溉，的确大幅度提升了粮食产量。车箱渠是在这个区域以农业为主题的时代修建的水利工程，它的目的是实现农业进一步的发展，所以我们可以看到这个时代的区域性主题是在农业方面，农业主导了这个地区的一些新的发展。

关于车箱渠引永定河水的事情，涉及永定河水系的问题，金朝和元朝都想引永定河的水，那两次引永定河的水是为了解决城市的问题，不是为了解决农业的问题。金朝是为了解决漕运的问题，但是失败了；三国时期是为解决农业问题，引进永定河的水，是成功的。成功和失败是发展主题不一样所出现的两个完全不同的后果，为什么引用永定河水在农业时代解决农业的问题能够成功，这与永定河的水性有关系。永定河的水暴涨暴落，很不稳定，没有关系，农业用水不是每天需要的，在关键某一个节点需要水，没有稳定性的要求，所以永定河满足这个需求。但是后来的漕运不一样，漕运要非常稳定地用水，每天都不能缺水，漕运是每天都要做的事情，通惠河里的水是每天都不能少，这个时候永定河的水满足不了这个要求，不稳定。

时代不同，永定河水的意义也不同。区域系统所发展的方向，是为了农田还是为了城市，也不一样，表现出这个时代有这样一些特征。

我们说一个系统也好，一个结构也好，我们经常谈到什么是体系，或者谈到一个地方的人地关系连接系统，谈系统的时候，不是说仅仅谈到互相之间有关系就完了。一个系统、一个结构必然要实现一个总目标，这个总目标如果没有提出来，这个系统是不清楚的、是不明白的，或者这个结构也是不清楚的。结构和系统一定有一个最高的目标，所有的要素全体动员是为了实现这个目标。在农业区域所有的事情是为了实现农业的目标，这和后来城市时代的发展不一样，城市时代的发展整个目标是为了发展城市。所以我们讲体系的时候，最好明确体系的目标，然后就清楚体系的每个局部扮演什么样的角色。车箱渠是为了农业发展的大目标，因此是成功的。

华北战区时代是从北朝开始，从什么样的地理事件开始的呢？燕山上出现了长城，燕山这个位置的确有防卫作用，防卫的主要标志就是居庸关，它是一个极具防卫功能的关塞。长城的修建实际上是增加了燕山居庸关这个地理要素在军事防范上的能力。

我们必须强调一个知识性的问题，就是燕国的时候修过长城，但是它不在燕山上面，秦始皇利用了这个长城，当时的长城是远在燕山以北，是在今天承德围场一片，脱离了燕山山脉主体的部分。北朝第一次在北京境内修建了长城，这是一次重要的环境变化，环境的性质发生了变化，军事性加强，这是北方战区的起点。

从此以后，农业问题在这个地区不再是主要的问题，这个区域今后的建设不再是为了解决农业的问题，而是解决军事防卫的问题。隋唐时期这个地区成了一个非常要紧的军事枢纽，隋炀帝、唐太宗都曾亲自到这个地方集结大军，向东北方前进，因此它的军事意义变得特别重要。不仅修了长城，隋代还修了军事性的运河，就是永济渠，它最主要的目的就是运输军需和士兵，所以它的军事属性非常强。我们看到这个地区军事性的目标在加强。

另外，在通州我们发现了唐代的墓志铭，其中讲通州的平原上是有唐代的长城，只不过没有把这个长城了解得很清楚，但是平原上有长城，又加强了军事性。再加上安禄山节度使的地位，北京就是非常强的军事地区。南方运河的出现，北方山上修筑了长城，平原地区也修筑了长城，这个长城和朝代是有关系的。总之一系列环境的变化，使人地系统又进入了一个新的阶段，这个阶段军事主题成为共识，这个时代叫作北方战区，它的地方性是北方战区，在隋唐的时候达到了高峰。

下一个阶段区域是我们最熟悉的一个区域，就是京畿地区，从辽代过渡到金朝的时候，北京正式变成了一个大王朝的都城地区，那么这个地区的性质也随之发生变化，整个地区完全为这个城市服务，以前城市只能说是这个地区的重要内容之一，其他方面也相当重要，但是现在这个城市发展成为这个地区压倒性的、占有绝对统治地位的主题。随着都城的出现，这个地区的环境都开始围绕都城建设重新整理，人们在这里做了很多大大小小的工程。

都城和一般的大城市不一样，一般的大城市满足人们喝水和用水差不多了，都城还有一个非常特殊的需要就是漕运，而漕运需要稳定的水源，这给北京地区出了一个大难题，这就是因为区域性的转变导致的，提出了对环境更高的要求。这个时候北京地区环境上的弱势凸显出来了，它的先天不足越来越明显，如何解决漕运用水的问题，是一个非常大的难题。侯仁之先生认为这个问题虽然在一定程度上得到了解决，但不是满分，就是因为北京环境的缺陷。

区域主导性不断加码，北边的都城最后变成了全国的都城，这个小区域根本不能承载大的都城，于是系统开始出现巨大的突破，这个突破就是它开始向区外寻找资源，北京城的建设是全国性的，木材是到西南找的，这个小区域自身的环境系统已经不够了，必须和京师一样，要开始动员全国的力量，这个系统开始发生更大的变化。

从区域的性质上、区域的主题上、区域发展的总目标上，我们看到人和地理要素之间所出现的各种变量的关系，以及出现了各种成功和不成功的关系，那么这些从历史地理学的角度来讲，构成了一个叙事体系。这个学科实际上就是一个叙事体系，从这个角度叙事，跨到了北京城另外一个历史，就是和环境的关系史，这些就是作为历史地理学的第一概念——区域性、区域的主题、区域发展的总目标，在这个区域性里面因为总目标不一样，各种地理要素所发生的作用也是不一样的。

空间性的问题也是地理学关注的一个基本问题，这个空间性有一点特别之处，如果是喜欢读西方理论的人，可以读索亚的第三空间抽象理论，还有林奇的城市意象五要素。这些东西读书能够读懂，但是讲不清楚，所以不做抽象的理论阐述，还是从比较实际的事情来理解比较好。

这个空间不是一个物理空间，物理空间是索亚讲的第一空间，这个空间是每个人行动的时候能感受到的一种空间，它的确是存在的。这个第三空间很有意思，是很玄妙的概念，有一点像我们经常说的"氛围"，它不像行政空间，不像区域那么实，但是也是人类活动的基本表现形式，我们的活动是这个空间的形态。

进入老北京城里来，如果我这样说，有这样一些空间，比如说有帝王的空间，还有老百姓的空间，还有士大夫们活动的空间，呈现了一种特殊的空间，和草根百姓活动的空间是不一样的。还有商业空间，这是在商业区里面，具有商业空间的属性。这些空间是互相嵌合、互相嵌套的。我们对人类活动进行归纳的时候，实际上我们也对空间的语言进行了归纳。历史上，中国文化有三种类型的空间，容纳了三种不同人的行为。

地理要素组合起来的山水，山水构成了艺术，没有人说画江山，但是可以说画山水。还有江湖，我们说江湖，感到一种行为空间，江湖里面也不是没有艺术，江湖都是大侠的一种行为方式，江山、山水、江湖，就是山水这两种东西，但是在表达的时候，组合成概念的时候，有三种不同的氛围，这个氛围就是一种空间。这个词非常有意思，外国朋友开始学的时候搞不清楚它们之间的区别，但是中国人绝不会用错。这种表述是人类对第三空间的场所和行为组合出来的东西，是行为和场所共同构成了一种氛围的东西，这个就是索亚讲的第三空间。

若说历史上北京城的帝王空间，我们能够想到空间里面是什么东西，对应地，百姓空间里面是什么样的行为方式，士大夫空间里面是什么样的行为方式，每个空间里都有一种特定的人类社会的活动。这是一个比较抽象，但是又非常客观的东西。老百姓的活动空间往往是胡同加上庙会，这是老百姓基本的生活空间。除了庙会和胡同，北京城老百姓的活动空间还有没有更多的东西？总之空间和某一种活动相对应，和某一种结果相对应。我们所熟悉的北京城就是这些空间，但是当北京城的历史发生变化的时候，我们发现有一种新的空间出现了，而且这种新空间的出现给北京城带来了非常大的变化。举一个例子，大量现代学校在北京城里出现了，这是清朝末年开始出现的事情，校园有操场，很多青年学生都在这个地方，这是以前北京城没有的，既没有这种场所，也没有这种行为。北京城里面涌现出很多校园，一个操场就非常大，成百上千名的学生在这里扎堆接受教育。而这种新的空间出现之后，带来了什么影响？看京师大学堂的空间形态，会发现京师大学堂就是在景山东边红楼这一带，有大操场，有大礼堂，这是一种新式的学生行为的空间，在特定的地方有特定的行为，这样的行为、这样特定的地方产生了什么后果？五四运动就是在京师大学堂（北京大学）的操场上，在北京大学成百上千名学生汇聚的大礼堂里面酝酿出来的，如果没有这样的空间，我们很难想象这样的学生运动怎么组织起来。然后这些空间又去寻找另外的空间，比如说天安门广场，瞬间变成另外一种空间，这种空间在传统北京城里面是没有的，完全是近代北京出现的一种新的空间形式。

我们说革命运动是风起云涌，我们的革命运动是在地上的革命空间里面诞生的，地上的革命空间是什么，在哪里？这些东西我们必须清楚，北京城新的空间实际上酝酿了新的时代。老北京城不可能有今天这样的场面，这是近代北京城非常突出的特点。

还有文化地理学家把空间划分得非常细致，不同阶层的人、不同特点的人，在社会中要寻找自己喜欢的空间，这个空间就是场所和某种行为所特定的结果，比如说现在的星巴克特别多，这是一个特殊的空间，这个特殊的群体到这个特殊的空间里面，产生了特殊的行为，在其他地方实现不了，只有在这种空间里面才能产生。

还有人说最小的空间是什么？把耳机一戴，音乐一放，你沉浸在你自己完全个人的空间，完全私密的空间，空间变成了一个与众不同的有特色的地方。

这个问题说了半天，有没有什么实际意义？实际意义就是我们在保护历史文化名城的时候，要注意保护传统的历史文化空间。这个空间不仅仅是场地，它是一种行为和场地的结合物，如果说我们要重新恢复老北京文化空间，仅仅建设了一个场地是不行的，比如说我们建设的前门大街，这个场地早就建设好了，但是能说那个地方现在拥有老北京社会生活文化空间吗？不能。我们缺少了什么东西？我们如何来保留传统的社会空间、文化空间，实际上要我们从更深刻的角度来认识这个问题，然后再做什么样的规划，我们怎样达到我们的目标，才能去更好地做这些事情。

北京城的空间是丰富多彩的，我们如何去保护这些丰富多彩的空间？四合院不是一个场地，它是一个文化空间，一家人的四合院关上门之后，可以忘掉其他空间的存在，可以非常独立地生活出一个家族的氛围。从空间角度观察问题，我们把场地和行为结合起来看，这也是一个历史地理学者在研究历史文化名城时的关注角度。

从地理学的角度应该关注地方感，这个和空间有点类似，但是不叫空间，叫地方，它更实一些。"地方"这个词在一般的地理学理论书里面，不叫地方感，就叫地方，英文就是 place。但是因为"地方"这个词在中文中太普通了，太日常化，所以我们宁可加上一个"感"，更能凸显这个概念的意义。

我现在在说两个地名，就是北京人最熟悉的两个地名，一个叫北京，另一个叫北京市，这两个名字的确有区别。我们参加过国家地名办组织的《中国古今地名大辞典》的编写，在这部大辞典里面，北京和北京市是两个词条，写北京市的时候，就像写每个省一样，写多大的面积，多少人口，这个地方有什么样的特点，就是记一个通行的账目。但是讲北京的时候，就不能只讲这些数据，讲北京的时候要讲北京市的文化特点，它的首都味道。我们平常用北京这个词的时候，"我是北京人""我是北京市人"，大家发现完全不一样，"你是北京市的人"，有户口就算，但是"你是北京人"，你要带出北京文化来。同样一个地方有两种理解方式，一种像北京市那么理解，还有一种带出文化来，带出它的内涵来，这样的就叫地方。有些名字只要一叫，内涵就出来了，一叫延安，延安的革命性就出来了。这种具有连带内涵关联性的名称，我们叫地方，这就是地方感，提到这个名字，就能感受到一些东西，比如说提到深圳你能感受到一些东西，跟深圳市是不一样的。

所有携带意义的地名也就是地方感，在地方记忆的时候，我们不是记那个地名，实际上是要记住那个地方的意义有哪些，记住那个地方的意义，地方才是真正地留在我们记忆当中。当你丧失了对这个地方意义的记忆，实际上你就失去了对这个地方真正的记忆。这件事情也可以联系到今天的历史文化名城保护，地方感是非常重要的一个目标，是我们在保护历史文化名城的时候一定要去做的事情。现在我们有一种说法，北京要注意三个"风"，要发展首都风范、古都风韵、现代风貌，这是仔细斟酌之后所选择的词。风韵没有具体的物质面貌，但是仍然有一种东西在那儿，就是一种气氛和一种感受。

古都拆掉了很多东西，只保留房子还不行，还要尽量保留我们对历史文化名城的感受，如何保留呢？地名非常重要，携带意义的地名非常重要。如果把有含义的内容忘记了，也就没有意义了。

出这么一个课题，在今天古都北京老城里面，我们选出十个地名或者是地方，这十个地方最能代表北京历史文化，我们选择哪十个重要的地方？北京城不是一个空洞的东西，是由丰富的地方组成的，这些地方都体现了北京城的某些历史文化，为了保存整个历史文化名城的完整性，我们尽量把携带了各种不同意义的地方明确起来，然后把它保护起来，我们就要在地方上认识北京城哪些地方，或者哪十个地方最能够体现北京历史文化。这些地方我们要全方位保护，保护不是口号，必须有行为的抓手，有一些具体的方式，我们先从确定地方开始，北京城里面十个、二十个重要的地方是哪里？琉璃厂、天桥、护国寺、莲花池……我们知道这些地方，要连带意义一起记住。

现在北京城强调整体性的保护，这已不可能是真正的物理空间整体，而是把最重要的地点或者是地方一个一个地确定下来、保护下来。这些地方可以代表北京的整体，代表历史文化名城的整体，有可能给我们一种启发，从这个角度去开展历史文化名城的一些工作。

比如说平安大道，我们怎样使它显示出丰富的历史文化内涵，还是要从地方入手，在这条大道上选择地方和地点，这些地方和地点都携带了历史文化信息。可以在很多关键的地方设立一些标志物，用这些标志物的地点象征性和完整性，来找回北京城当初的完整性。地方是一个地理学研究的关注点，也是我们今天做历史文化名城保护的起点。

区域性、空间性、地方感，这些是现代地理学非常关注的点，这些都是很大的题目。我们可以把这些题目结合到历史地理学研究中来，增加我们对北京地区的观察角度，使我们对这个地区的叙事变得更加丰富多彩，同时对这个地区的了解更加深入。

东亚文化圈视野下的北京学、首尔学与京都学*

张宝秀**

【摘　要】东亚是亚洲文化共同体的核心，地域相近，文化一脉，对东亚地区中国、日本、韩国三国古都的历史文化以及古都学进行比较研究可以促进亚洲文化共同体的交流与发展，促进各民族、各国家间的互相理解与互相尊重，文化上各美其美、美美与共。

【关键词】东亚文化圈；北京学；首尔学；京都学；亚洲文化共同体

北京学研究所为什么关注、研究亚洲文化共同体、东亚古都和首都文化呢？因为北京是首都，北京学是地方学，是首都学，同时也是古都学，它是关于北京、首都这个地方的一门专门的学问。在北京学20多年的发展历程中，与其他一些地方学，特别是和韩国的首尔学有着深层次的合作。我们在与以首尔学为代表的韩国地方学进行交流的过程中产生了很多想法，现在也正在与日本加强交流和合作。我们为什么选择研究京都而没有选择东京呢？因为东京作为日本的首都至今只有150余年的历史，而京都则是具有1500余年历史的日本古都。

一、东亚文化圈

（一）东亚文化圈的含义及其发展历程

东亚文化圈的定义有很多，实际上是指以中国为中心，地域相近、历

---

　* 本文是作者为北京学研究基地"东亚首都文化"系列讲座所作报告内容。

** 张宝秀，北京联合大学北京学研究所所长、教授，北京学研究基地主任、首席专家。

史上受中华文化（汉文化）影响形成的一个大文化圈，又称汉文化圈，范围包括朝鲜、韩国、日本、越南、新加坡等亚洲东部国家和地区，地处东亚季风气候区。也有人称其为"筷子文化圈"，是由于在这个文化圈里大家使用筷子吃饭，但是这个筷子也不一样，中国使用的筷子比较圆钝，日本使用的筷子比较尖。东亚文化圈与基督教文化圈、东正教文化圈、伊斯兰教文化圈、印度文化圈并列为世界五大文化圈。儒家文化圈是东方文化的代表，中国是东亚文化的中心。

早在春秋战国时期，百花齐放、百家争鸣，有很多学派提出各自的思想。到了汉代，汉武帝罢黜百家，独尊儒术，儒学思想是核心，汉字是重要的特征和文化载体，汉文化开始向周边扩展。到唐朝，这个文化圈就正式形成了。唐代是中国文化向朝鲜半岛和日本传播的鼎盛时期。东亚文化圈里各国之间关系的形成是一个比较复杂的过程，但是总的来说，是以中国的汉文化和文明为中心，影响周边国家的过程。

（二）文化研究视角中的东亚文化圈

文化学者通常从物质文化、精神文化和制度文化这几个层面开展研究。文化是人类有史以来形成的所有的物质和精神财富的总和。精神财富在历史发展过程中有的被固化了，成了制度，比如我们在讲都城的时候，说到什么样的建筑用什么样的屋顶，如在中国传统的建筑中，只有皇家可以用黄琉璃瓦，这种现象体现在建筑上，就固化成一种文化的表征，是制度化了的。我们称建筑是凝固的文化，就是因为它本身是一种人为的设计，在建筑本体上能够体现出身份等内容，将其固化下来，使之制度化，它介于物质和精神之间，是中华文化的表征。

历史上，在东亚地区制度文化主要是中国官制和法律制度文化的传播；精神文化主要是儒学和佛教的传播。佛教起源于印度，后传到中国，在中国主要以北传大乘佛教为主，传入时间为两汉时期。佛教在中国经过汉化以后，又向朝鲜半岛和日本传播。以上是东亚文化圈最主要的文化要素。这些要素为东亚各个国家的语言文字、思想意识以及社会组织结构、生产力发展带来了深刻的影响。

汉民族在向周边地区迁徙的过程中把汉字、儒学、汉化后的佛教、中国的官制和法律制度、都城建设规制和格局传播到了所到国家，如日本、韩国、越南等东亚文化圈中的主要国家。比如京都，就复制了我国唐代的长安城和洛阳城，京都也有中轴线，以中轴线划分东城、西城，东城直接叫洛阳，西城直接叫长安。

在东亚文化圈中，中、日、韩地缘相近，关系密切，文化有联系，也有差异。在历史上，不管相处方式是友好还是不友好，就像邻居一样，只能是大家加深了解和理解，各自尊重，求同存异，这就是中国在国际上的外交政策原则。

历史上，韩国和日本都在学中国文化，虽然现在日本、韩国和越南都在努力地"去汉化"，但是其文化根基还是中国的传统汉文化。

二、东亚文化圈中的古都北京、首尔、京都

(一) 中国北京

从自然环境看，中国位于亚洲大陆的东部，国土面积约为 960 万平方千米，约占世界陆地总面积的 1/15，地形有平原、山地、丘陵、高原和盆地。从人文环境看，中国有 14 亿多人，尊崇儒、佛、道，思想上以儒家思想为尊，并延续两千多年。从发展历史看，中国有百万年人类史、一万年文化史、八千年文明史，有文字记载开始的历史已有三千多年，是东亚文化圈的最重要的主体。从民族构成看，中国以汉民族为主，共有 56 个民族，是一个多元一体的多民族国家。从经济体量看，2010 年中国的 GDP 总量超过日本，成为世界第二大经济体。无论从国土面积、人口数量、经济体量，还是从文化影响来看，中国都是一个大国，是东亚文化圈内最主要的国家。

中国的首都北京，是中国的政治、文化、国际交往和科技创新中心。2024 年年底，北京市常住人口为 2183 万。① 北京位于华北平原最北端，毗

---

① 北京市统计局，国家统计局北京调查总队. 北京市 2024 年国民经济和社会发展统计公报 [EB/OL]. (2025-03-21) [2025-03-26]. https://tjj. beijing. gov. cn/tjsj_31433/tjgb_31445/ndgb_31446/202503/t20250319_4038820. html.

邻渤海湾，地形西北高，东南低。西部、北部和东北部三面环山，西部为西山，属太行山脉，北部和东北部为燕山山脉。这里是南部华北平原、西北内蒙古高原、东北平原三大地理单元汇接的地方，是农耕、游牧、渔猎三大民族、三种经济生活方式、三大文化汇聚之处。在古代，人们沿着太行山东麓大道北上，到达北京小平原，过永定河，沿着关沟出居庸关去往蒙古高原，出古北口、喜峰口去往东北平原，这里是一个南来北往的交通枢纽。正是因为其独特的自然地理区位，决定了北京在历史上的交通地理区位和政治地理区位，北京的发展靠的主要是政治文化推动力，不是经济推动。北京作为一个城市，从诞生发展到今天，地位一步一步提升。

北京的建城史，应从西周算起，已经有三千多年的历史了。周武王灭掉商纣王之后，在华北平原北端立即分封了一个诸侯国——蓟，是对黄帝后裔的褒封之地，城址就在今北京广安门一带，那里立有一个北京建城纪念柱。

在周武王十一年（公元前1046年）分封了诸侯国蓟之后将近十年的时间，又在华北平原北端、蓟国之南分封了一个诸侯国——燕。燕代表周文化，不断向周边扩张。后来，在西周中后期，燕灭掉蓟，迁到了蓟这个地方，从此成为燕都蓟城。从秦汉到隋唐，在大一统时期蓟城是东北边疆的军事重镇和地区商贸中心、文化中心，在南北分裂时期则是北方民族南下活动的区域，在这个过程中，南北民族的交往融合在这里不断加深。至辽代，把这里变成了陪都南京，是辽五京之一，北京的地位得到进一步提升。金代，1153年金海陵王正式迁都燕京，称为中都，是金五京中的正式都城，这里成为北半个中国的都城。再往后，北方蒙古民族进入中原，把它变成了全国的都城——元大都。到明清时期，除了明初，它也一直是全国的都城。这里的文化是以中原汉文化为主体融合多民族文化的结果。

历史上，隋唐的都城都是在关中，后来建了东都，即洛阳。当时日本、朝鲜城市建设和文化都向中国学习，学习我们的长安城和东都洛阳。

（二）韩国首尔

从自然环境看，韩国地处朝鲜半岛的南段，属于三面临海的半岛国家，北部与朝鲜接壤，西部与我国隔海相望，东部和东南部与日本隔海为邻，国土面积约 10.33 万平方千米。韩国是个多山的国家，山地约占国土面积的 2/3，太白山脉纵贯韩国东海岸，受到海水侵蚀形成悬崖峭壁，西部和南部山势平缓，形成西海岸和南海岸的平原和近海岛屿与海湾。韩国的河流大多经过西部或南部的大陆坡流入黄海和东海。韩国大部分地区为温带落叶阔叶林；南部沿海和济州岛是亚热带常绿阔叶林；高山地区为寒温带针叶林。从人文环境看，在唐朝时韩国是中国的藩属国，受中华传统文化影响极深，提倡儒学。2024 年 11 月底韩国总人口 5123 万①，为单一民族国家，以朝鲜族为主体民族，日常用语为韩语。从经济上看，朝鲜经过"二战"之后，分为南（朝鲜）、北（韩国），韩国抓住战后重建的机遇，成为"亚洲四小龙"之一，其电子产品、美妆产品等远销海外。

从历史上看，韩国和朝鲜同属一个国家。公元前 3 世纪，朝鲜半岛的中南部建立了以"三韩"族为中心的"辰国"。朝鲜经历了高句丽、百济、新罗三国鼎立的时代、统一新罗时代（676—935）、高丽时代（918—1392）、朝鲜时代（1392—1910）。李氏王朝后，曾改国号为"韩"，这就是"韩"国名的来历。1910 年，沦为日本的殖民地。1945 年日本投降后，美、苏以北纬 38°线作为分界线，分别进驻朝鲜半岛。1948 年美军占领区的朝鲜中南部宣布成立大韩民国，简称"韩国"。

韩国的首都首尔（Seoul），位于朝鲜半岛中部，地处盆地，汉江迂回穿城而过，是韩国的政治、经济、科技、教育、文化中心，2024 年 11 月底首尔特别市人口 934 万②。在城市的四周，环绕着海拔 500 米左右的低山和丘陵，依山就势，构筑城墙，起到天然的护卫作用。北有北汉山、北岳山，东有洛山和龙马山，西有仁王山，南有南山和汉江以南的冠岳山，汉江自东向西环抱城南。

今天的首尔东南部在古代曾经是百济王国的都城，朝鲜王朝时期成为都城"汉阳"，因在汉水北岸所以叫汉阳城，1394 年正式命名为"汉城"。

① 韩国行政安全部"住民登录人口统计"2024 年 11 月底全国人口总数（http://zumin. mois. go. kr）。

② 韩国行政安全部"住民登录人口统计"2024 年 11 月底首尔特别市人口数（http://zu-min. mois. go. kr）。

日据时期降为郡，改称"京城"。朝鲜分裂后，1948年李承晚在京城建立大韩民国，并把首都改名为"서울"（首都的意思）。2005年1月，韩国政府宣布"서울"的中文名称正式定为"首尔"。

首尔古城城墙至今保存基本完整，是用石头垒砌的，可以清晰看出不同历史时期的垒砌痕迹，周长约18千米，东大门到西大门直线距离约4千米，韩国在努力为其申请世界文化遗产，但是尚未成功。南大门，名崇礼门，是东、西、南、北四座城门中规模最大的一座城门。1962年12月被确定为韩国"一号国宝"，被誉为韩国的"国门"。首尔古城的城门和建筑大多是用儒家传统的仁义礼智信等道德准则来命名的。城里有很多宫殿，青瓦台在景福宫后面，各种宫殿的建筑形式和命名都是从中国传统文化中学来的，勤政殿不用琉璃瓦，自降一级用青瓦。最主要的宫殿屋顶用的是歇山顶，级别比中国故宫太和殿的庑殿顶低一级。

目前，首尔市的文化遗产包括930个由国家指定的文化遗产、292个由市指定的文化遗产。韩国拥有9处世界文化遗产，其中首尔宗庙、昌德宫、朝鲜王陵三项位于首尔。

韩国有很多节日和中国相同或相似。例如，韩国人也过端午节，但不叫端午节，而叫端午祭，既不吃粽子也不赛龙舟。韩国人将"端午"称为"上日"，意为神的日子。人们穿着传统服装参加祭祀、演出和运动会，观看荡秋千和摔跤比赛；用菖蒲汤洗头求吉利，喝菖蒲水以辟邪。2005年，韩国将流传于朝鲜半岛太白山脉以东江陵及周边地区的"江陵端午祭"成功申请列入了人类非物质文化遗产代表作名录。从文化地理学的视角看，文化一经传播就会产生变异，虽然都在东亚这个大的文化区，但是文化区形成的过程同时也是文化扩散的过程，当文化扩散到某个地方，就会与当地的文化相整合，以形成新的文化景观，也就是文化亚区域。

（三）日本京都

从自然环境看，日本是位于亚洲东部太平洋上的一个群岛国家，领土由本州、北海道、九州、四国4个大岛和其他6800多个小岛组成，陆地面积约37.8万平方千米。地处亚欧板块和太平洋板块的交界地带，地震频发。以温带海洋性季风气候为主。从人文环境看，日本的文化基因与中国文化息息相关，日本文化包含着儒、佛、神、道融合而成的文化内涵。日本为单一民族国家，以大和民族为主体民族，总人口约1.24亿（2024年7月数据），日常用语为日语。从经济上看，日本于"二战"后经济腾飞，曾为世界第二、现为世界第三大经济体，以电子信息、制造业、数码科技等高精尖技术产业为主，在唐代与中国交往甚密。日本文化以中国文化为基础，语言文字是在汉字的基础上演变发展而来的。

日本首都东京（Tokyo），古称江户，位于关东地区南部，大致位于日本列岛中心。明治二年（1869），明治维新以后，明治天皇迁都江户，并改名为东京，自此东京成为日本国首都。2024年11月1日东京都人口1420万①。研究东京的地方学，不叫东京学，而叫江户学。

我们在这里之所以要研究京都学，是因为京都曾经是日本历史上的都城，是日本作为都城历时最长的城市，是日本著名的古都，拥有丰厚的文化底蕴。

京都（Kyoto），在日本西部近畿京都府南部，是一座内陆城市，坐落在京都盆地的北半部和丹波高原的东部山区，三面环山，京都东北方为比睿山，自古即被视为镇守京师的圣山。位于右京区西北部的爱宕山则是京都市内的最高峰。淀川、桂川及鸭川等三条河川流经京都附近。京都总面积为828平方千米，以国际文化游览城市著称，2024年11月1日京都府人口252万②。

自794年日本桓武天皇从旧都长冈京迁都平安京，至1868年明治天皇迁都东京为止，将近1100年间京都一直都是日本的都城，为日本天皇居住之地、当时日本的政权中枢。最初京都市是根据中国风水文化观念来设计的，是以古中国的都城长安和洛阳为蓝本的，京都一半仿洛阳、一半仿长安而建。经过长期的历史积淀，京都市拥有非常丰富的历史遗迹，是日本

---

① 日本东京都政府统计部门"东京都的人口推计"2024年11月1日数据（https://www.toukei. metro. tokyo. lg. jp/jsuikei/2024/js24bf0100. pdf）。

② 日本京都府政府统计部门"京都府推计人口"2024年11月1日数据（https://www. pref. kyoto. jp/tokei/monthly/suikeijinkou/suikeitop. html）。

传统文化的重镇之一，吸引了许多来自国内外的观光游客，其祇园祭、时代祭、五山送神火等祭典活动都相当有名。1994 年，京都市的部分历史建筑以"古都京都的文化财"为名被列入世界文化遗产目录。京都也是日本重要的工业城市之一，任天堂、华歌尔、京瓷等跨国公司的总部设在此处。

（四）中、日、韩文化的交流与交融

历史上，日本、韩国的文化都深受中国文化的影响。在中、日、韩的文化交往中，通过儒家典籍的广泛传播，把中国的社会制度、建筑形式、服饰、节日、日常习俗、伦理道德等文化传布到韩国、日本、越南等国家。日本文化以中国文化为基础，日本语言文字是在汉字的基础上演变而来的，日本的社会制度大多由中国唐朝引进，服饰、节日、日常习俗、伦理道德等形成也从中国吸收很多营养。韩国（朝鲜）的语言文字、意识形态、社会制度、生活习俗等也是以中国文化为基础。

比如，在饮食文化方面，日韩两国受中国古代商周传统文化影响，大量饮食、风俗、礼仪在商末周初由箕子传入朝鲜半岛。但是，中、日、韩三国在地理、社会、文化方面也存在明显差异，综合各种饮食因素的影响，这三个国家的饮食文化也各有特色，中国叫"八大菜系"，日本叫"和食"，韩国则叫"韩餐"。

从民族性格看，中国讲究中庸之道，"中庸"是"度"，这个度要把握好；日本则强调"忍"文化；韩国介于两者之间，更倾向于"和"文化。我们从历史背景上了解日本、韩国，看到了日韩与中国地缘相近，文化一脉。

三、北京学、首尔学、京都学

在中国，研究地方、地域的学问，历史悠久，古已有之。1978 年中国改革开放以后，尤其是 20 世纪 90 年代以后，现代地方学研究方兴未艾，相关机构如雨后春笋般纷纷出现。

在韩国，20 世纪 90 年代以前是现代地方学（地域学）的初期萌芽阶段；20 世纪 90 年代，韩国的地方自治制度开始全面实施，以大学和地方研究机构为基础发展了地方学，为地方学研究方向探索发展阶段；2000 年以后为地方学研究组织体系稳定发展阶段。

日本在20世纪七八十年代盛行"日本学"或者称为日本研究，90年代开始盛行地方学研究。在日本，地方学也被称为"当地学""本地学""地域学"等。

北京、首尔和京都分别是中国、韩国和日本的重要古都，北京学、首尔学和京都学分别是这三个国家较有代表性的现代地方学、古都学。下面以北京学、首尔学和京都学的主要研究机构为主线来介绍这三种地方学、古都学。

（一）北京学

在中国，北京学的研究对象是北京城市综合体，属于城市地方学，是一个跨自然科学和人文科学的综合性学科，涉及的主要学科有地理学、历史学、考古学、设计学、民俗学、经济学、社会学等。北京学研究的主要代表性机构是北京联合大学北京学研究所。

北京学研究所成立于1998年1月，是北京市编制办正式批准在北京联合大学设立的一个实体科研机构，配备有专职研究人员和办公室秘书等。2004年9月，北京市哲学社会科学规划办公室与北京市教委联合批准设立北京学研究基地，是首批北京市哲学社会科学研究基地之一，北京学研究得到了政府部门更大力度的支持。北京学研究基地是研究北京的综合性、开放性学术平台，侧重调查研究和应用研究，既注重学术研究，又努力为政府部门提供决策咨询服务，同时面向学生和社会各界进行信息交流与文化传播。北京学研究基地是一个开放性的学术平台，研究力量由北京联合大学校内外多个圈层构成。

自2008年11月起，北京学研究所担任中国地方学研究联席会执行主席单位。2016年12月，北京学研究基地入选由南京大学中国智库研究与评价中心、光明日报智库研究与发布中心联合研发的"中国智库索引"（CTTI）首批来源智库名录。2019年5月，以地理学、中国史、考古学、设计学为骨干学科的"北京学"获批列入"北京高校高精尖学科建设名单"。2023年9月，北京联合大学获批北京市属高校新一轮一流学科"北京学新兴交叉学科平台"。

北京学研究基地以"立足北京，研究北京，服务北京"为平台建设宗旨，以北京历史文化名城的时空演进、保护与发展为主线，时—空—人结合，过去—现在—未来贯通，坚持研究北京、挖掘文化、传承文脉、服务发展，重点开展北京城市及周边区域文化遗产挖掘、保护、传承与利用的综合研究、应用研究和人才培养，致力于为首都北京强化全国政治中心、文化中心、国际交往中心、科技创新中心的城市战略定位，深入实施人文北京、科技北京、绿色北京和京津冀协同发展战略，努力建设成为国际一流的和谐宜居之都和世界级文化城市提供智力支持。

北京学研究所成立之后，自 1999 年开始每年召开一次北京学学术研讨会，出版一部学术集刊《北京学研究》（2010 年以前名称为《北京学研究文集》），汇集校内外、京内外以及国内外专家学者的北京学、地方学理论与实践研究成果。北京学研究基地还经常组织召开全国性或国际学术会议，汇聚京内外、国内外专家、同行，共同探讨北京及其他城市、地区的史地研究和文化建设问题。北京学用自己独特的地域文化研究视角，去寻找这个城市发生发展的规律，对认识城市、规划城市、发展城市提供对策和建设性建议，发表和出版了不少研究成果。

（二）首尔学

在韩国，随着地方自治制度的发展，各地方的地方学已经成为官方和学术界所公认的发展地方和建立地方认同性不可缺少的主要渠道，以此树立了其研究角色定位和学术地位。其中，首尔学是韩国地方学、古都学研究的领导者。首尔学研究的主要代表性机构是首尔市立大学首尔学研究所。

首尔学研究所成立于 1993 年 6 月，是韩国较早成立的一家地域学研究机构，带动韩国多个城市和地区成立了研究地域学的机构。当时为了总结朝鲜汉阳城建设的历史文化，大家发现这项研究不是一两个学术单位能完成的，需要有综合的研究机构，于是在汉城市立大学（今称首尔大学）成立了汉城学研究所（今称首尔学研究所）。首尔学研究所围绕汉城这个古都进行研究，出版了不少学术专著，还进行了多项专题研究，定期发表文章、召开学术研讨会、举办讲座等。

首尔学研究所长期致力于首尔的历史文化与城市建设研究，自2010年9月开始执行一项研究期限为9年的"东亚各国首都研究"国家级大型课题。首尔学研究所分别于2012年6月、2013年5月、2015年2月和2018年5月主办了主题为"东亚首都的近现代变迁""东亚首都研究与首尔学""东亚首都的持续与变迁"和"现代东亚首都城市传统的持续与变迁"的学术研讨会，以国际研讨会的方式推进这一课题的开展，持续探讨首尔、北京、东京、河内等东亚首都城市在持续发展与变迁过程中的共同点和不同点。其中，关于北京的研究，每次研讨会都有北京学研究所学者按照首尔学研究所的要求写论文，前往韩国参会发表。

北京联合大学与首尔市立大学是友好合作学校，20多年来北京联合大学北京学研究所与首尔市立大学首尔学研究所一直保持着密切的合作与学术交流关系，尤值一提的是，北京学研究所的成立就是深受首尔学研究所的启发。早在1996年，北京联合大学领导在与汉城市立大学进行校际学术交流时，得知该校有个专门研究韩国首都的"汉城学研究所"，就萌生了建立"北京学研究所"的想法。经过近两年的筹备和专家论证，北京联合大学北京学研究所于1998年1月正式成立。

首尔市立大学首尔学研究所受到中国北京联合大学北京学研究所和中国地方学研究联席会的启发，牵头于2012年成立了学术联盟"韩国地域学论坛"，韩国的主要地方学研究机构轮流举办地方学学术研讨会，每年举办2次，逐渐构造了研究和信息共享的研究合作网络系统。

（三）京都学

在日本，京都学是底蕴最为深厚的地方学，也是古都学。京都学的研究机构集中在京都有关高校和研究机构。下面以日本立命馆大学的京都学研究和教育为例来进行介绍。

日本立命馆大学是一所私立名校，位于京都市洛西区，洛西区有金阁寺、龙安寺和仁和寺等众多世界文化遗产。日本文部省制定有《京都历史回廊计划》，就是要借历史的走廊穿越过去，追忆历史。

进入 21 世纪以后，为了应对人文科学遇到的发展瓶颈，即各学科的无止境细分化、缺少整体框架、与社会脱节等问题，立命馆大学文学部的许多年轻研究者成立了改革委员会，试图通过建立新的学科框架来激活人文科学的活力，即打破多学科的分界，设立新的综合性交叉学科，将原有各学科领域的研究方法和成果作为共同资源，促进互通，满足学术研究与地域相结合的强烈社会需求。日本立命馆大学的教师、研究者与周边的居民一起去思考京都文化遗产所蕴含的历史背景、重要特性和存在的意义，并努力推进文化遗产保护体系的建设。他们为地方的居民们开设了免费的"京都文化讲座"和读书会，将学校的一部分资源向地方居民开放，创造性地让居民和学生一起上课、一起讨论。

2009 年立命馆大学文学院设立"京都学项目"，2012 年设置"京都学专业"，创设了新的学科体系。以广义的"京都"为主题，交叉使用地理学、历史学和文学的研究方法以及田野调查、企业实习等立足地方的方法，围绕着形成"京都"的人文学知识，不断探索京都的历史和文化，将新研究成果运用于实践。

学生在入校的前两年主修京都学，除了基本的历史、地理、文化课程外，每个年级都开设了三门京都学综合性课程，如京都学概论、京都文化论、景观保护等，以及学习与京都历史直接相关的文化、演艺起源发展过程等方面的知识，使学生了解、把握具有 1200 多年历史和传统的京都，并在此基础上真正理解以京都为代表的日本文化的深厚底蕴和内涵，进而更好地服务日本社会。这些课程的很大一部分时间是去做社会实践，去了解当地的文化遗产，多学科的学生在一起研究文化遗产保护和活化利用。到三、四年级的时候，学生开始有专业偏向，他们可以选择更侧重地理学、历史学还是文学，可以选不同的课程模块。"京都学"构建起了良好的教育体系，不断推进与地区居民在传统文化上的协同合作，取得了其他单一人文学科未取得的成绩。

四、地方学与亚洲文化共同体

每个地方都有自己独特的文化和独特的历史，地方学是非常有生命力的，正在蓬勃发展，特别是东亚的地方学目前在全世界是最活跃的。从文化视角上看，地方学研究有利于文化圈的认同，有利于文化圈的和谐发展。

中国北京学和韩国首尔学之间保持20多年的密切交往和彼此启发，于2019年10月双方签订的战略合作协议对两个国家的地方学研究是有带动作用的。北京学研究所和首尔学研究所分别带领中国和韩国各地地方学全方位多要素一体化地把地方作为地域综合体来进行研究，研究地方学的相关机构之间，经常组织学术活动，有定期的和非定期的，将研究成果进行传播，而且在研究中构筑国际交往网络，与世界各地进行比较研究，如首尔学进行了东亚四个首都的比较。中韩两国的各地方学研究机构也普遍组织开展讲座和演讲，还有大学教育的课程等，这些都增强了地方学对城市和地方的研究成果贡献，增强了对地方的认识和认同感。

2019—2024年，中国北京联合大学北京学研究所、韩国首尔市立大学首尔学研究所、日本富士学会联合举办了三届"亚洲地方学与地方文化国际学术研讨会"。2024年10月，在"保护文化遗产—文明交流互鉴——第三届亚洲地方学与地方文化国际学术研讨会"上，中国地方学研究联席会与韩国区域学联合论坛会签订合作协议，双方将更加紧密地开展合作，全面推进两国地方学研究的交流、合作、互鉴，共同推动亚洲地区的地方学研究。

东亚是亚洲文化共同体的核心，文化一脉，其文化底蕴是一致的，有着文化圈和文化共同体的认同基础，对各地区的历史文化进行综合性跨学科研究，是各国地方学的共同主题。因此，中日韩有必要加强交流，尤其是年轻人，通过了解和研究地方学，更加了解历史，增强对地方文化的理解和包容。地方学研究和交流，有利于深化对东亚文化渊源和内涵的认识，我们希望更多的人能够加强对东亚文化渊源和内涵的认识，这也有利于促进亚洲文化共同体的交流与发展，更进一步促进各民族、各国家间的互相理解与互相尊重，文化上各美其美，美美与共，共同努力为人类命运共同体构建注入浓厚的文化力量。

亚洲地方文化研究

东亚首都历史文化街区保护规划比较：

基于亚洲文化共同体视角[*]

张景秋^{**}

【摘　要】从中日韩和东亚文化的共同特色、共同点的角度，以亚洲文化共同体视角，比较分析东亚典型国家在历史街区保护规划方面的演进过程及典型案例。

【关键词】东亚；历史文化街区；礼制思想；都城

2014年2月，习近平总书记视察北京，并提出京津冀协同发展的重大国家战略，提出解决好北京发展问题，更有力地彰显北京优势，更广泛地激活北京要素资源。

2017年2月，习近平总书记视察北京，包括视察通州城市副中心建设成果、参观冬奥场馆的建设，他指出城市规划在城市发展中起着重要引领作用，北京城市规划要思考"建设一个什么样的首都，怎样建设首都"。

北京历史文化是中华文明源远流长的伟大见证，作为中国的首都，其建设应该强调或者强化其作为历史文化的整体价值，最终能够形成首都风范、首都风韵、时代风貌的城市特色。对于首都北京未来的发展，尤其是结合京津冀协同发展这样一个大的框架，更进一步地让研究城市和做城市规划的相关学者去思考什么样的城市是一个好的城市。每个人对好城市的评判标准都不同，每个国家都有自己的文化内涵，并塑造了万千文化世界

　* 本文是作者为北京学研究基地"东亚首都文化"系列讲座所作报告内容。

　** 张景秋，北京联合大学应用文理学院院长、教授，北京学研究基地副主任。

和文化整体。

首先，我想讲讲礼制思想对东亚城市的影响，从保护规划的角度做简要介绍和案例分析。

中国的历史文化名城有北京、西安等，1982 年我国公布了第一批历史文化名城，后来又公布了几批，这样的历史文化名城到底有多少个？城市之间有没有一些共性？从城市景观上，比如说街道的格局，或者是机理，整体城市的布局，有没有一些特点？很多城市的街道具有代表性，比如井字型或者田字型，比如公园的名字，有的叫人民公园，有的叫中山公园。考证一个城市的格局，或者说目前现存的形态，追溯理论基础，最早就是从《周礼·考工记》开始。《周礼·考工记》是我国古代城市规划理论中最早、最权威、最具影响力的一部著作，提出了我国城市，特别是都城的基本规划思想和城市格局。在《考工记·匠人·营国》中，国也就是国都，是一座方九里之城，作为最高等级的城镇，会有四边，每边会开三门，总共十二个门。最典型的案例是长安（唐朝时）和北京城（元代和明清时期），清晰的街坊结构和笔直的街道，以及城墙和城门无不反映了《周礼·考工记》中"礼"的思想。

《考工记》记载："匠人营国，方九里，旁三门。国中九经九纬，经涂九轨，左祖右社，面朝后市，市朝一夫。""九经九纬"，就是道路体系形成东西各三条路，形成九宫格或是井字型格局。"经涂九轨"指道路的宽度，那时没有机动车，没有共享单车，以马车为主要交通工具，所以两个车轨之间的宽度会对城市道路的规制产生很重要的影响，经涂的宽度是16~18 米，相当于目前城市规划中道路体系的支路，如长安街是城市的主干道，全世界只有一个长安街红线宽是 120 米，大多数的情况下主干道的红线宽度应该是 60 米左右，快速路接近 40 米。支路是相当于主干道和次干道之间的连接线，是与城市的居住和商业功能结合的道路体系。天安门左右两边各有两个狮子，天安门西边是社稷坛，东边是太庙（家庙），形成了"左祖右社"。左边是人道所亲，故立祖庙于王宫之左；右者地道所尊，故立国社于王宫之右。"面朝后市"，市者要背着。在周朝的制度里面，以一百步为边长的正方形就是一亩，中国是农业文明古国，形成了家国天下的制度，一家大概五口人，有一个家长，百米地能养活一家人。"市朝一夫"，有人解释这个"夫"就是天子，不管是前朝还是后市，整个设计都是由天子来做决策的，都是天子来掌控的。

古代礼制思想下，一种等级秩序、典章制度礼制的思想也逐渐形成，于是也有了家和天下。礼制思想不管是对中国城市规划、城市设计，还是对为人处世、中国文化理念来讲，都有非常深刻的影响。

礼制的思想演变到后期，对中国城市规划的最深刻影响就是等级制。故宫三大殿之一太和殿是在故宫的最高点上，从午门一直进来朝拜皇上的时候，有一个层层递进的过程，直到见天子的过程。中国礼制思想，体现在营造城市规制的基础上，建立了国家城镇体系的等级制度，首都或者是区域中心城市，到下面次中心的都城，还有采邑城。北京城被梁思成誉为世界城市建筑史上一个无比的杰作，体现了礼制思想的集大成，同时体现了严谨的对称体系。

总结礼制思想，在中国古代实际上最核心的就是王权至上，主要是从统治的层面来说。如果说要从中找到对现在的城市规划有借鉴意义的，我认为主要体现在天人合一、天人感应的自然观。

对于北京城的建设来讲，建筑物之外还有水系，所以形成了北京城刚柔相济的城市品质。这种天人合一和天人感应的自然观，在隋朝体现得并不是那么明显，但是到了宋代就不同了。我个人最喜欢中国宋代，宋代在礼制思想上遵循的是孟子的自然法，人法自然的理念融入城市格局中。比如说洛阳城市整体的格局，四四方方，板板正正，与商业很好地结合起来。

阴阳五行和风水也是文化中对城市建造影响很深的部分，不要把阴阳五行和风水更多地迷信化，实际上从中国古代思想角度出发，它们是一个朴素的唯物主义思想引申过来的，讲的是相生相克的思想。

针对礼制的思想，回顾中国古代城市建设史，有一个非常重要的城市——西安，西安也是目前在超大城市里面城墙保存最完好的一个城市。还有一个城市是山西的平遥，从等级体系来讲，平遥是第三个等级体系的。

唐长安城深刻反映了中国礼制思想，实际上北京城的建设，在此基础上已经有了很大的变化，不再是规规整整的，而是形成了一种刚柔相济的特点。礼仿制都是有大门的，这个大门每天都要关的，只有一天晚上是可以开的，就是正月十五元宵节，那一天完全打开，大家可以尽情去交往、交流和出访。除此之外都实行非常严格的门禁制。

不管是汉唐的长安，还是北宋的汴梁、元明清的北京，都对现在城市的影响比较大，这些都城历史悠久，布局严谨，都有宫城、皇城和内城三种结构。地区中心，元代后兴起；区域经济中心，建有官府。一般的州府就是官府衙门，设有城垣，是物资集散中心，汉郡唐州宋府，府学孔庙。而西方的市中心往往是教堂和广场，这体现了不同的城市营造思想。

中国古代城市营造的思想，随着中国文化在东亚地区的传播，对日本和韩国等地区的城市营造产生了深刻的影响，总结东亚城市的一个特点，从形态景观上来讲，基本上是以长方形和正方形为主，很少有圆形的，西方有些城市是条带状的或者星状的。有历史积淀的城市，一般是长方形或者是方形，还有田字格的基本形态。

从道路格局来讲，我在北京联合大学文理学院上课的时候，会让同学们做一个练习，拿一张能看到这个城市道路格局的地图，找这个城市的中心，或者是老城到底在什么地方。这就是基于刚才讲的礼制思想。拿东亚有历史积淀的城市来讲，从内城来讲，从道路格局来讲，基本上都体现了等级，或者是棋盘状的。在北宋，商业活动很受重视，所以围绕着商业开始有了现在所看到的放射状的对外交通体系。

城市的道路系统也具有一定的等级，与城市的性质、规模都是密切相关的，直接反映在城门的数量上。一般都城每天开三门，州府开两门，呈井字型。到了县城，就是一字形和田字型。研究中国城市道路与形态之间的联系，可以判断出在早期到底是属于哪个级别的城市。

再来说说商业市肆分布，唐长安的等级要求特别严格，有东西市，这种思想也影响了日本奈良城的建设。有了城市，商业分布形成了多元的结构，有十字街口、城门口、渡口和桥口，还有寺庙，形成了集散地，就是商业比较发达的区域。

一个渡口，一面面向水，另一面面向陆地，如果土地广阔，这个渡口就会逐渐形成一个大城市，最具代表性的就是上海，典型的海派文化。对于北京来讲，明清时期北京城的市肆分布不再像长安城有严谨的东西两市，而是逐渐形成了多中心，或者一开始从双中心然后到三足鼎立，然后到现在多中心。

前门是一个商业中心，有王府井，还有西单，这是三个等级最高的商业中心。辽代北京商业中心是在现在的南城，就是莲花池附近，随着京杭大运河的开通和发展，商业中心转移到了现在的积水潭、新街口一带。明清时南城会馆比较多。清朝时，大量商业活动都是在南城，所以就有了前门的发展。因为外交使馆距离王府井近，王府井就发展起来了。中华人民共和国成立之后，特别是 20 世纪 90 年代之后，西单一带逐渐形成商业格局。

中国古代的中轴线也体现了皇权至上、天人合一，是礼制思想的表现。在现代城市规划中，中轴线也延续了下来，如美国首都华盛顿也有一个非常明显的轴线，从白宫到纪念碑之间。城市的中轴线，有虚有实。建筑的轴线、道路的轴线，是实的轴线。理念的、文化的轴线，是虚的轴线，与建筑的轴线和道路的轴线并不能完全吻合。

北京城市除了等级、轴线之外，可以看到水、建筑和植物之间刚柔相济的配合，如故宫在色彩的搭配上面是很讲究的，金灿灿（皇宫）与灰蒙蒙（胡同），更进一步体现了礼制思想。

中国城市营造礼制的思想，对整个东亚文化圈的城市规划都有很深的影响，比如日本的古都奈良。中世纪的日本在城市建设方面很大程度上是仿照或学习了中国古代城市建设的思想，在日本发展的时代，从飞鸟时代一直到江户时代，其都城也是历经了多次的搬迁和选择，中国的都城也是经历了多次选择，奈良的古城建设风格和中国唐宋时期的长安城是非常相近的，东侧的园林建设也如此。京都在日本的都城历史上时间是最长的，从 794 年到 1868 年，跨越了千年，也体现了中国古代的建造思想，在某些方面有所保留，奈良和京都值得考察和研修。平安京（京都的古称）因为战乱，损毁后重建，寺庙和城墙保存比较好，奈良的东大寺是能够体现汉唐风格的建筑。

一个有历史的城市最需要保护的是什么？是建筑。有的建筑只是单体。若只保护一个单体的建筑，这个建筑就失去了它应有的味道和氛围，任何一个建筑都与它周边的环境密切相关，所以对于一个有历史的城市，最应该保护它的建筑，然后是和居民生活联系在一起所形成的街区。从单体建筑到历史街区，以及到城市历史文化遗产整体保护，最好形成这样的思想。一开始也不是整体保护，建筑很直接，很直观，比如说地震，或者中国以实木为主的建筑在南方会受到潮湿的侵蚀，先要想到建筑的抢救。建筑周围若没有更多的配合，那么这个建筑就是一个失去了生命的死建筑。1933 年《雅典宪章》首次提出历史街区的概念，1964 年《威尼斯宪章》提出要保护历史街区的整体性理念，然后是联合国教科文组织和相应世界文化遗产保护中心推出纲领性的文件。1987 年《华盛顿宪章》基本确定了国际上保护历史街区的理念，中间 1976 年《内罗毕建议》提出了再生和保护的关系，对于一个建筑，包括周边的地段，是要完全地给复原回来，还是说以什么样的理念去有机地保护和修复它，世界上各个国家尚在讨论并逐渐达成共识的阶段。

1994 年，《关于原真性的奈良文件》提出了一个原真性，对于街区、建筑、物质文化遗产和非物质文化保护等，都有一个原真性，原真性的理解需要辩证思考。1999 年《北京宪章》提出了"人居环境"概念，提倡旧城的整治、更新和重建纳入一个动态的生生不息的循环体系中。

我国围绕国际性的纲领，也制定了保护细则，出台了相应的保护文件，1982 年国务院公布了第一批 24 个历史文化名城，2002 年 10 月修订《中华人民共和国文物保护法》，2008 年 8 月出台《历史文化名城、名镇、名村保护条例》，现在北京城的一些规划都要围绕历史文化名城保护相应的法律要求来实施。对历史街区的保护就体现在历史的真实性、生活的真实性和风貌的完整性层面。

中国、日本和韩国在历史街区保护规划方面有共同的地方，也有各自做的值得其他国家借鉴的地方。南锣鼓巷从某种层面来讲成了中国历史街区，或者是文化街区打造的典范，它曾经被纳入北京旅游 3A 级景区经典。

2016年年初，南锣鼓巷主动申请取消3A级景区，暂停接待旅游团队，因为南锣鼓巷不是一个孤立的景区景点，它还与人们生活的空间紧密联系在一起，成为景区后严重扰民。从历史街区保护来讲，作为景区在某种程度上影响和损害了历史文化街区的保护理念，一条街作为接待和游览的功能给关闭了，不向全世界展示南锣鼓巷作为中国街巷建设的典范，希望以更好的面貌、更能体现中国街巷规制机理的面貌展示给世人，所以出台了相应的城市设计导则。这种导则引导南锣鼓巷逐渐从过去的市场房主租赁（不断变成二房东、三房东，甚至四房东、五房东混乱的局面），到政府监管，一直到引导居民和市民主动参与整体规划设计和保护，依照这样一个理念在发展。

南锣鼓巷有着700多年的历史，与元大都同期建成，1990年被列入北京市第一批历史文化保护区，2006年制定了南锣鼓巷保护与发展规划，希望通过北京文化创意产业，包括文化旅游、商业，带动南锣鼓巷的发展。

2016年12月正式发布《南锣鼓巷历史文化街区风貌保护管制导则（试行）》，同时建立了南锣鼓巷风貌保护管制联席会议，过去是街道办和房管局管为主，没有让商户和居民深刻认识到南锣鼓巷风貌的恢复和保护是与自己息息相关的。双方在"导则"的基础上进行对话和沟通，希望房屋外观要保持，门应该怎么做，屋顶颜色应该怎么做，在政策或者资金上有些什么样的支持，来保证能够完全按照导则的要求进行改造。公众参与和技术支撑就形成了南锣鼓巷这种小规模、渐进式的有机更新和非常切合实际的做法。街道的宽窄，建筑的格局、形式、体量、高度、材质、墙面、屋顶、台基、门窗，装饰的构建，区域的绿化，非常细的20多项按照导则去做，导则就是建设性的技术指导。

日本川越市保存下来的旧城下町、传统的藏造建筑表现了当时发达的商人文化，在那里，江户、明治、大正等各个历史时期的建筑样式都有留存，形成了富有特色的街区景观，而川越市的一番街集中体现了其典型的传统风貌，一番街的发展也带动了川越市的整体发展。从20世纪60年代开始，人们开始追求现代化的生活方式，古老的店铺建筑受到很大程度的破坏，传统的街区景观开始发生变化。70年代市民自发进行街区的保护，他们自发地去做了相关的工作，所以值得借鉴和学习。1988 年确定了街区建设规范，1997 年成立了联合组织，做街区和景观的保护。1999 年，被日本文化部定为国家重要传统建筑物群保存地区。居民 30 多年的努力推进，让这个地区成为历史文化街区。

首尔的北村，最开始想保护的就是韩国的传统建筑，在实践过程中发现只保护建筑很难达到最初目的，建筑就"死"在那儿，维护的费用也高。后来把房屋相对集中分布的区域整体保护起来，结合文化创意、文化旅游，让人们能够走进来、体验到、传播出去。如今，北村韩屋成了首尔城市中心的街道博物馆，也是首尔历史文化保护发展的一个见证者。

随着城市化进程不断推进，这个地方因为基础设施、房屋整体的结构不能满足高收入阶层的居住需求，人们搬去郊区住了。20 世纪 80 年代开始复兴内城，对内城建筑、街道进行改造，吸引在郊区成长起来的、生于 50 年代长于 80 年代这一批单身白领回归到市中心，形成再城市化的过程。

北村的历程也反映了西方的郊区再城市化的过程。西方很多建筑都是砖石结构，建筑的使用周期要比亚洲的砖木结构长。北村有一部分房屋也有居住的功能，形成了文化创意产业的集聚地。

20 世纪八九十年代出台韩屋保全政策，强调对建筑本身的保护，但是没有相应的保护和更新规划政策，导致保留下来的房屋日益老化。进入 21 世纪，北村保护中心计划提出，实行房屋登记制度，以居民主导为基础，配合专家和政府开发研究院共同修改的建筑条例和施行规则，成立了北村事业团和韩屋审查委员会。由都市开发公社示范性买入韩屋以推进计划实施，制订环境整合计划，确定财政预算。

最后讨论和思考什么是一个好的城市以及习近平总书记提到的"建设一个什么样的首都，怎么建设首都"。城市在发展，在不断发展和演进，城市的功能在不断多元化、复杂化和混合化，城市的范围和边界也在不断蔓延和拓展。不管这个城市怎样发展，每个城市是不是应该有它的文化底蕴和特质，使得这个城市有别于其他的城市，不管从居住者、旅行者，还是其他的角度来看这个城市，都让你留下深刻的印象。当你回忆这个城市的时候，你会想到它的味道，会想到它的某个地方的场景，你会想到你曾经在这里发生的故事。如果有这样一个城市，我相信大家都认为它是一个好的城市。在建设的过程中，我们可以从建筑、居住、形态、机理的传承以及商业元素的配合上来进行城市的设计和规划。但是对于历史文化街区，包括集中的文化景观区的发展和建设，应该是内因主导，外因是政府、开发商、经营者和居民达到共识，有共同的理念，比如南锣鼓巷的做法，就是向正向的进程在演进。

东亚四国的塔和陶瓷器交流：

东亚文化的地区特色[*]

李益柱^{**}

【摘　要】塔和陶瓷器的产生和传播过程，说明了中国文化、韩国文化和日本文化，乃至东西方文化的融合发展现象，也从一个侧面反映出几个东亚国家之间互相交流、传播文化、相互学习的历程。

【关键词】东亚；塔；陶瓷器；文化交流

东亚，在辞典上的解释是亚洲的东部。1962 年，日本一位学者对"东亚文化"做了解释，就是从使用汉字、信奉儒教、信奉佛教、实行律令制这四个方面来概括东亚文化。^① 共享这四个方面文化的国家现在有四个，即中国、韩国、日本和越南，这四个国家都在使用汉字。美国史学界权威学者费正清（John King Fairband）教授说过一句话"The Chinese World Order"（中国的世界秩序），也用类似的范畴解释了东亚文化。东亚共享的文化也可以从塔和陶瓷器来进行分析。

一、塔

大家都去过寺庙，见到过一些塔，在中国、韩国、日本会经常见到这些塔，但是在美国或欧洲地区却很少发现。塔是在东亚、西亚形成的一种文化遗产。

---

　* 本文是作者为北京学研究基地"亚洲地方文化"系列讲座所作报告内容。

　** 李益柱，韩国首尔市立大学首尔学研究所原所长、教授。

　① 西嶋定生. 中国古代国家与东亚世界［M］. 东京：东京大学出版会，1983.

中国的塔多数是用砖砌的。日本的塔是用木头制作的。韩国的塔用石头砌成，如在 7 世纪韩国古代王朝百济的时候建造的益山弥勒寺石塔和扶余定林寺五层石塔，其主要构造是石头的基底，并在上面堆砌了石块和石板。虽然是石头做的，但是他们也想使用一些木制的东西来补充完成，如门、窗上面的部分都是用木头来做的。石头建造塔的难度非常大，所以百济时期的塔很难发现有相同的。韩国古代新罗时代建造的塔，如庆州芬皇寺模砖石塔、庆州感恩寺三层石塔或佛国寺多宝塔，看起来不像石头做的，是新罗人把大的石头磨成石砖或石块，然后砌成塔。与韩国百济和新罗同期的中国的塔，主要是木塔和砖塔，韩国却没有做成相同的木塔和砖塔，其原因可能与韩国方面采用石头材料有关。

为什么制作塔是相同的工作，但是中国、日本和韩国用的材质却不同？韩国的百济和新罗统一后，百济和新罗的塔合在一起诞生了新的石塔，长宽高是百济的，形态却是新罗的。韩国人评价，韩国历史上最完美的石塔是韩国的庆州感恩寺三层石塔。这个塔虽然很简单，但是它具有韩国特色的美，韩国人非常喜欢这种精致的塔。

二、陶瓷器

中国文化对世界文化方面做出了非常大的贡献。世界上的一些重要物品是中国最先发明的。在这些物品中，如果非要选择一个最具代表性的物品，就是陶瓷。大家都经常使用陶瓷器，但是对于陶瓷器本身的文化却不一定有很深的思考。本来是土，变成了陶瓷器，这个制作过程就是依据审美观创作作品。陶瓷器是陶器和瓷器两个合在一起的称呼，人类从新石器时代开始做碗等，然后有一个发展，分成三个阶段——土器、陶器和瓷器，这个与烧制的窑洞温度有关。首先使用土，土器是在 600℃~1000℃ 的温度中烧制而成。陶器要在 1000℃~1100℃ 的温度中烧制而成。瓷器用的材料是高岭土，在 1300℃~1350℃ 的温度中烧制而成，在这种条件下生成的成品相对来说是比较薄的，所以叫瓷。世界上最初制作陶瓷器是在中国。英语 china 就是陶瓷器的意思，如果说到陶瓷器，应该是代表了中国的一种文化。陶瓷器是中国发明的，这是毋庸置疑的。在中国唐朝的时候，八、九世纪越州的青瓷非常有名，越州的青瓷是秘色，就是神秘的意思。中国陶瓷器在元朝的时候变为青花白瓷，青花白瓷制作出来以后，青瓷就没有再制作了。中国青花白瓷是世界性的发明品，从制作过程来看，首先需要高岭土，高岭土是中国景德镇旁边的一个高岭村生产的，中国的高岭土遇见了蓝色的颜料（这个颜料是波斯的中东部先生产的，也就是现在的伊朗东北部），于是中国和波斯两个文化融合在一起的代表性文化产品就是青花白瓷。

三、陶瓷器文化

韩国在 9 世纪后半叶或 10 世纪初（高丽时期）制作出了青瓷，高丽是第二个做出青瓷的国家。那个时期高丽和中国的宋朝等国家有非常活跃的交流，于是引进制陶瓷的技术。中国的青瓷进入高丽以后，又诞生了翡色的高丽特色的青瓷，经过一段时间发展出来一种镶嵌青瓷的独特文化。到了 13 世纪末期，中国的青瓷有了衰退，高丽青瓷也在衰退。高丽没有制作出中国式的青花白瓷，可能与没有高岭土有关。于是，韩国方面制作了非常独特的粉青瓷，借由此又发明了可制作白瓷的工艺。

高丽青瓷是 12 世纪制作的，有香瓜模样的，有九龙型茶壶，青瓷上画黑颈鹤等，这个陶瓷表面的画，不是用笔画上去的，而是采用刀笔图案再镶嵌的方式，也就是用刀刻上去以后制作，制作过程不太容易。如果我们用土制作这样镶嵌方式的陶器，放在窑里烧时镶嵌线条的尺寸容易变形，或变小或变大，原来的镶嵌图案、比例就有所变化，所以要用不同的材质预防变形问题，要用非常精致的工艺技术来制作。高丽的青瓷瓷器，具有非常独特和别致的艺术价值。

在越南河内博物馆可以看到陶瓷的碎片，其解释说明是高丽的瓷器。若发现瓷器图案不是用笔画上去的，而是用雕刻镶嵌方式再涂上颜色制作的，那就是韩国高丽时期的瓷器。虽然看起来都是相同的青瓷，但是与中国青瓷还是有一定的差别，中国的青瓷更偏向蓝色，韩国的青瓷更偏向绿色，这是因为中国土壤和韩国土壤成分有差别。粉青瓷是韩国特有的，"粉青"的英文也是韩语的发言，叫"Buncheong"。因为当时韩国不生产颜料，所以价格非常昂贵，必须从国外进口，于是就想到了其他的方法，制作过程中放弃了蓝色而用其他颜色来代替，而且韩国陶瓷器上留白非常多，如同韩国单一颜色石材制作的石塔一样，有许多留白，看起来非常简单。

日本人非常喜欢喝茶，喝茶的时候用瓷器，茶水保温或口感效果应该是最好的，但是日本人没有自己制作瓷器的工艺技术，于是从中国进口了很多陶瓷器。1323 年，中国运瓷器的船在运往日本（伯都）的时候，在韩国近海沉没了，后来韩国方面发现了那只船，上面有 2 万多件各类陶瓷器。通过这个事件就可以了解有多少中国瓷器进入日本。1592 年日本侵略朝鲜，战争期间，日军把一些朝鲜陶瓷器工人抓到日本，由此朝鲜的陶瓷器工艺技术在日本传布。其中有一个人叫李参平，在日本被称为陶瓷器的始祖，日本成为世界上第三个开始制作陶瓷器的国家。从此以后，日本的陶瓷工艺快速发展。1659 年以后，日本可以出口一些陶瓷器。

四、陶瓷器的出口外传

中国陶瓷器销往欧洲的时间，史料记载是 1602 年，当时荷兰东印度公司一年最大的交易量是从中国将 800 万件陶瓷器送往西方，从这个数据来看，中国的陶瓷器在西方已经非常受欢迎。17 世纪在明朝和清朝交替期，因种种原因中国的陶瓷器出口中断了，之后，荷兰商人找到日本的陶瓷器，将之出口到西方。17 世纪后半叶，在欧洲刮起了中国风，就是从陶瓷器开始的，用法语来说就是 "Chinoiserie"（中国风），然而 19 世纪又刮起了日本风，叫作 "Japonism"（日本主义）。

18 世纪，欧洲人也想自己来制作被誉为 "白色黄金" 的陶瓷器，欧洲王室为了制作陶瓷器付出了非常多努力。后来，在德国奥古斯二世支持下，后被称为 "欧洲陶瓷始祖" 的炼金术士——伯特格，终于在 1710 年把陶瓷器制作成功，现在这种陶瓷器还在生产。继德国成功制作陶瓷器后，1716 年奥地利维也纳，1717 年意大利威尼斯，1737 年丹麦哥本哈根，也相继开始生产陶瓷器。特别是拥有高岭土的国家都成功地制作了陶瓷器，没有高岭土的国家几乎都生产失败了。其中有一个国家比较特殊，那就是英国，英国没有高岭土，他们却使用骨头的粉末制作了瓷器。他们制作的瓷器名称叫"Bone china"就是骨灰瓷器，这是1748年，到了1759年开始大量生产。

五、结论

塔和陶瓷器的产生和传播历史过程，说明了中国文化、韩国文化和日本文化，乃至东西方文化的融合发展现象，也可以理解为他们在互相交流中传播文化和相互学习。这是东亚文化和西方文化发展的普遍规律。这种文化现象说明个别国家的文化当然具有自己文化的特殊性，也有与其他国家共有文化传统的普遍性。例如，中国应该有中国文化的特殊性，同时拥有东亚文化的普遍性，其他国家也是一样。因此，在研究中国、日本、韩国、越南等国家东亚文化的同时，也要考虑西方文化的因素，也就是要同时考虑共有文化的普遍性因素和个别文化的特殊性因素，再进一步发现共同体的历史传统文化价值，以及如何促进东亚共同体文化的形成路径。

韩国汉阳都城遗产的历史层累 *

宋寅豪 **

【摘　要】汉阳都城作为韩国的历史城市遗产，是很多个时代延续形成的。在这个过程中有各个方面、层面的挑战，这就形成了其历史层累，这也是东亚文化共同体所要探讨的重要问题。

【关键词】汉阳；场所；历史；记忆

了解东亚文化共同体与东亚首都文化，首先要知道文化共同体的概念、内容以及如何深入研究。首尔学研究所和北京学研究所一样，都是市属大学下设的研究机构，既研究首尔学，也研究地方学。以地方学研究为中心，支撑学科有历史学、文化学、考古学、建筑学和景观学等。

首尔学就是研究空间、时间及人的学问。空间是时间和人相关联的场所，时间就是某种意义上所说的历史，人是指人的想法和行动构成的一种记忆。首尔学研究就是对首尔空间、历史和记忆方面几个层累的研究。文化共同体就是从场所、历史和记忆几个层累方面进行研究。

一、东亚文明

东亚的范围说法不一。比如，东亚国家喝粥的时候都使用勺子，中国人、韩国人、日本人、越南人吃面条都用筷子。东亚国家的主食主要是大米和面食等。不过这些都要从传统角度来说，如果以这种地域饮食文化来

---

　* 本文是作者为北京学研究基地"东亚首都文化"系列讲座所作报告内容。
　** 宋寅豪，韩国首尔市立大学首尔学研究所原所长、教授，首尔市历史博物馆原馆长。

划分，东亚人具有相似的文明。

中国人使用汉字，韩国人也使用汉字，越南地图上也有汉字。比如我的名字也是汉字，日本也使用汉字，越南首都河内也是使用汉字的"河"和"内"。这就是我想说明的共有的文明。我们说欧洲一般都是以罗马帝国的历史为基础来进行述说的，而说起东亚的文明就是以中国为中心，中国已经发展得比较完善了，而且从唐朝开始已经有了很好的文明体系。韩国也是向唐朝学习，甚至照搬唐朝的政治体系和机构。儒家思想统治中国两千多年，并且传播到了韩国、日本和越南，对这些区域都有很大的影响。

世界各地都有各自的宗教、文字、历史和政治体系。通过对差异点的比较，了解东亚不同的文明。

二、东亚的首都

中国的首都是北京，韩国的首都是首尔，越南的首都是河内，日本的首都是东京。我从场所、历史、记忆三个方面去研究北京、首尔、东京和河内这四个城市。据我所知，清朝的时候北京是首都，明朝和元朝时北京也是首都。河内作为首都也有 1000 年的历史，首尔有 600 年的历史，日本最初的首都有 400 年的历史。这样看来，东亚这四个主要的首都有 400～1000 年这么悠久的历史，它们的面积规模与本国的其他城市相比也都非常庞大。

北京是坐落在平原上的一个首都。日本东京面临太平洋，是一个临海的首都。河内是在江河湖泊中坐落的一座城市。那么，首尔坐落在怎样的环境？是怎样的一个首都？

三、韩国首尔

首尔以前的名字叫汉阳。从山脉和城郭来看，像北京的紫禁城，包含着宗庙和宫殿，还有护城河、小巷、住宅，人们居住在这样的空间里。作为汉阳都城，它最大的特色就是四周是用汉阳的城郭围起来的一个城市。如果向外国人介绍北京，一般从哪里开始介绍呢？一般先从紫禁城进行介绍。北京城有一座山——景山，站在景山上可以看到整个北京的景色，能感觉到整个北京的历史底蕴和美丽。还可以看到一条中轴线，中轴线上有天安门，穿过天安门可以继续南行走到永定门。这个伟大的中轴线已经经历了近1000年的历史。

如果说北京最大的特点是有中轴线，那么首尔最大的特点就是山。首尔整个城的形状是一个圆形，通过城郭可以了解首尔的历史和首尔这个城市的特点。汉阳都城与北京城一样，也有一条中轴线，通过中轴线也有场所、历史和记忆这三个层面。首尔城是建设在丘陵之上的，在比较平坦的地方设置了各个大门，我们可以把大门视为城郭的界线。在首尔的地图上，白色的部分是山脉，首尔就坐落在众山之中的盆地。首尔城所在的地方地形是凹凸不平的，与东京等地的平原具有很大差别的。

世界遗产分为三类：文物、建筑群和遗址。截至2024年韩国已经取得了15项世界文化遗产，有文物，有与紫禁城类似的建筑群，还有分布很广的第三类——遗址。2011年第35届世界遗产大会上，不但对文物、建筑群和遗址进行了说明，还强调了另外的内容，就是文化和自然价值观所属的历史层面。这个建议进一步强调了城市历史各个层累方面所提及的内容。

四、汉阳城的文化遗产

汉阳都城作为朝鲜王朝的一个象征，它有自己历史的层面。作为首都，它主要有两个功能：一是作为王的宫阙，另一个是宗庙。作为区分城内城外的城墙，虽然在500年历史当中，有销毁也有重建，但是最后还是保存下来了这样的汉阳都城。当时的朝鲜王朝，前后延续500多年，时间跨度相当于中国的明清两朝。当然在明代和清朝交替的时候，东亚发生了巨大的变故，一个是1592年日本发动的侵略朝鲜的战争，另一个是1644年清朝正式建立。

最初汉阳城的城墙是在山地上用石头围起来的，在比较平坦的地方就使用土胚围起来。后来改用石头砌成。经过两次战争以后，十八九世纪它的形态就改变了，形成了总长为18.6千米的城墙，石头上铭刻了建设的时间以及是谁来修建的这座城墙。

汉阳都城不是建设在平原之上的，而是建设在丘陵之上。中国的城墙基本上是四边形，而首尔城墙是一个有机的组合。例如建设在山脊之上的城墙，城墙会根据山脊形态的不同而不同，岩石多的地形和稍微平坦的地形，且城墙皆不同。

在中国比较著名的古城有西安、南京、扬州和平遥，这些城的古城墙都是在平地之上建起的。南京和西安的城墙比首尔的城墙规模要大，城墙也高得多，建筑城墙和垒城墙的方法也都是有差别的。首尔城墙外边是用石头筑起来的墙，墙内侧部分是用夯土筑起来的。这种建城墙方法，在朝鲜半岛很普遍。

以自然为基板，再加人工合成的部分，就是汉阳都城城墙最大的特点。沿着18.6千米长的汉阳都城城墙，我们还可以看到另外的景观。整个城墙并不都是一样的，每一个区间的形态都有所不同。在汉阳都城从西边山顶上可以看到各个景观的区别。比较大型的是四边形形态的城墙，是19世纪的；稍微小一些的就是18世纪的，而比以上更小的那一部分就是15世纪初建造的。通过形态就可以知道它们的建成时间和历史。首尔现在不但要保留、保护当时的汉阳都城遗址，对周边也实行一系列的保护措施。在周边所做的一切就是为了让历史城市和首尔的市民之间产生更紧密的关联。以这种形态来说明的城市，我们叫它历史城市，像这种历史城市，它是要历经历代的坎坷，在每一个转折点都发挥出它的生命力。这种历史是源于不断迎接未来新的挑战，并以连续的创意解决方案而作出的积累。

作为历史城市遗产，它不是一个时代所形成的，它是很多个时代共同延续形成的，它要通过有创意的解决方案来不断迎接挑战。经过各个方面、层面的挑战，就形成了它的历史层累，这也是东亚文明共同体所要探讨的重要问题。

五、汉阳城的历史变迁

首尔非常著名的是昌德宫，它是世界文化遗产。昌德宫像北京的紫禁城一样，是王朝权位的象征，也是王权的象征。汉阳都城是历经500年的都城，它代表的意义是文化历史底蕴深厚。20世纪，韩国经历了很困苦的时期，就像全世界其他国家在20世纪经历的苦难一样，韩国在这个时期也有很大的波动。20世纪前半期，先是经历了日本的殖民地、抢占时期，解放后又经历了资本主义，还有一系列的战争。在政治方面，军事政变、独裁统治的时期就有10多年，之后又有民族抗战时期，再之后是达到了人口1000万的时代。在这短短的100年之间，经历了殖民地时期、军事政变时期、民族抗战等众多的历史时期。可以这样说，在20世纪，经历了这么多大事件的城市，在世界范围内可能只有首尔。在这个过程中汉阳都城也受到了一定程度的毁损。举个例子来说，1925年，韩国是在日本的殖民统治之下，在这种背景下，日本在朝鲜的土地上建了朝鲜城郭，还建立了都督府。中央的都督府是日本人统治的，当时建在朝鲜宫殿的前面。日本人在作为韩国象征的四座山之一的南山建设了朝鲜神宫。

在首尔市民公园的相关挖掘工作中发现了与汉阳都城有关的遗迹。1925年日本人建造了朝鲜神宫，在宫殿前日本人建设了都督府，解放以后就把它爆破了。当时学界有过很多争论，一致认为爆破的时候大家的心情都很高兴，不过从历史的角度来看，是对历史遗迹的证据毁损。后来渐渐聚集了一些其他意见，认为虽然它在这个位置可能对国人有很大的不方便，不过作为历史遗址、遗迹来说，一定要对它进行保存。

很多人认为，如果汉阳都城作为历史上有名的遗址能够被完好无损地保存下来，对后代是很有意义的一件事情。即使人为的力量去破坏、销毁，这一段历史也不会消失。作为韩国的历史遗产，经历了这样的灾难，它还能存活下来，这就是汉阳都城所具有的底蕴和魅力。今后我们面临的课题，就是科学管理这些遗址，并且提出具有创意性的方案，来面对今后的建设和挑战。这个过程中还召开了关于汉阳城的学术会议，面向世界举办各种相关展览，今后还要在现场建造博物馆，目的就是要在现场见证历史，给人们留存记忆和感动。

现在汉阳城墙全长18.6千米，目前完整的部分是13.1千米。欧洲的很多国家，在19世纪末拆毁了一些城墙，建设成了现代化的道路。北京也做过这样的城墙拆毁和道路建设。如果当时能够留下历史遗址的话，北京会比现在更美丽。北京是以中轴线为中心的，在中轴线上建设，并以这样一种方式围绕着文化而建成的城市。

这里要强调的是，首尔城墙、汉阳都城是与地形相结合的一种有机建筑群，有人提议在首尔城中心对文化遗址进行管理，充分表现它的价值和影响。但是对保存这种历史遗迹来说，是一个很难的过程。不过管理的目标是为了首尔市民，要建设好这样的城市，一定要结合市民的力量，和市民一起把城市建设好，显示它的底蕴和美丽。

韩国近现代文明化城市的变化[*]

朴喜用^{**}

【摘　要】通过首尔"贞洞"地区具有代表性的建筑物的变迁过程，可以感受到韩国在近现代城市发展过程中产生的建筑理念、思维方式以及对现代文明的思考。

【关键词】首尔；贞洞；圜丘坛；城市布局；近现代文明化城市

一、首尔"贞洞"的由来

韩国首尔的贞洞，是韩国近代文明的摇篮，位于现在首尔的城市中心核心区域，被称为"市政府区域"（市厅），也是主要的历史性建筑群集中区域，包括景福宫、德寿宫、圜丘坛等，以及各国公使馆的遗迹、教堂、学堂和首尔市政府大楼等各类建筑。这个位置的市政府办公楼也就是"市厅"前面的空地，已经被改造成一大片草地，是首尔非常有名的市民集体活动区域。尤其是在世界杯或者其他足球赛的时候，很多体育爱好者会聚集到这个草地，为喜欢的足球队加油助威，这里也是被称为"红魔拉拉队"的大规模集会活动区。

现在的"市厅"也是市政府大楼，是在过去日本殖民地时期建筑的老市厅建筑后面重建的全玻璃覆盖的西式建筑。建成以后，韩国很多建筑专家、艺术评论家、市民和学生曾批评其像螳螂，认为那种玻璃样子的市政

---

 * 本文是作者为北京学研究基地"亚洲地方文化"系列讲座所作报告内容。

** 朴喜用，韩国首尔市立大学首尔学研究所首席研究员。

府大楼与这个地区的其他建筑以及市政府的功能非常不协调。原来市厅大楼（目前首尔市立图书馆）是 100 多年以前日本殖民地时期建造的，在其后面建设西洋式的全部玻璃的现代建筑，容易产生一种违和感，从而破坏了这个区域的整体性，因为这个区域遗留了大量韩国的历史性遗址和建筑。

贞洞街是如何来的呢？朝鲜太祖国王时期，他有一个妃子叫贞恩，贞恩死后，国王在这个区域建了一个陵墓叫"贞妃陵"，后来这个地方就以"贞洞"命名。这个地方是朝鲜王朝的再造之地或者复兴之地，在朝鲜历史上具有重要意义，并且在朝鲜时期首次在此地建造了宫殿。

在朝鲜历史上发生过影响非常大的事件，就是 1592 年日本武装侵朝，历史上称此事为"壬辰倭乱"。贞洞地区也因这次战乱而留下了有历史意义的活动。"壬辰倭乱"之后，传说历代朝鲜国王，每六十年到贞洞举行一次纪念仪式，高宗也在这里举行过这个仪式。后来在韩战之中也举行这个仪式，直到 2012 年。这里有一条路叫"忠武路"，是"壬辰倭乱"时期的抗日将军李舜臣出生的地方，日本殖民地时期叫"本町"，后来因为抗日的原因，韩国人改叫"忠武路"。1895 年，贞洞地区发生了韩国历史上非常重要的历史事件，当时朝鲜国王高宗的皇妃明成皇后在景福宫里被日本浪人杀害，为了避免日帝的致命威胁，高宗避难于位于贞洞地区的俄罗斯驻韩大使馆，这个事件在韩国历史上被称为"俄馆波迁"。在日俄等帝国主义国家的侵略形势之下，朝鲜要求独立之声和独立运动也声势浩大。1897 年 10 月，高宗在德寿宫前面的圜丘坛祭天登基称帝，希望依靠自己的力量再建一个新的、现代化的朝鲜，朝鲜国号改为"大韩帝国"，自此开始了朝鲜半岛的近代化历程。

近代各国公使馆都集中在"贞洞"地区，当时外国人的活动中心也在这里。各国领事馆的建筑各有特色。现在的俄国大使馆，是在当时被韩战破坏的俄国公使馆位置上重建的。美国公使馆是当时贞洞外国公使馆中最早建的韩式房屋"韩屋"。目前美国大使馆迁移到其他地方，当时的公使馆只能用作官邸。英国当时的公使馆建筑还在，现在还是用作大使馆，是当时各国公使馆中唯一留存至今仍用作大使馆的。当时最美丽的公使馆建筑就是法国公使馆。

另一件与近代化历程相关的事件就是韩国的教会活动。天主教会是韩国历史上第一次正式或者说合法地得到了传教允许或传教权利的教会。18世纪以前，韩国主要通过中国作为中转站学习有关西方的文明。在此之后，朝鲜半岛的人们通过天主教会直接与西方国家进行接触，并且不断地学习西方文明。朝鲜社会当时的上层阶级，尤其是知识分子阶层，学习西方先进的科学文化，也学习法语和英语。语言的便利，使得他们进一步接触了天主教。在世界各国中，韩国是一个传播以及接受天主教较早的国家。当时的贞洞地区是西方人的活动中心地区，天主教会以及许多西方传教士都在这里生活过。

二、首尔贞洞地区的历史人物及事件

在那个时代，首尔贞洞地区聚集了大量各行各业的欧美人士，他们对韩国的近现代化作出了不可磨灭的贡献。其中最具有代表性的人物有4位：安德伍德是韩国一所著名大学的发起人和建校人；霍勒斯·牛顿·艾伦是韩国历史上第一个传教士，也是现在延世大学医院的前身广汇医院（济众院）的建立人；斯克兰顿夫人建立了梨花大学，该大学是韩国历史上第一个专门针对于女性的高等教育机构，当时被称为"梨花学堂"，是韩国最好的女子大学；亚扁薛罗是一位美国人，他的贡献在于第一个把"学院"（college）一词引入韩国，创建了韩国的"培才学堂"。这几个人物中斯克兰顿夫人的贡献意义非凡。当时韩国还属于封建时代，男学生生病可以直接去医院治疗，因男女之间有非常清晰的界限不能逾越，女学生生病就不可以住进医院。由于存在这样的社会矛盾或者现实性的需求，斯克兰顿夫人应世界历史性的潮流，建立了专门针对女性的一所医院。在这所医院里培养出了韩国最初的一位女医生金顶同（同音）。贞洞这个地方虽然不大，但在韩国历史上发生过很多具有划时代意义的事件。所有近代社会的一些产物，如第一次接触西方文明、第一场西洋式婚礼、第一台电梯、第一个咖啡馆、韩国历史上的第一个蛋糕，都是在这个地区发生的，那些传教士在这里建造了一座教堂"贞洞第一教会"，现在还是贞洞最漂亮的建筑物之一。

三、圜丘坛在近现代化发展中的作用

韩国近现代国家建设的奠基人就是高宗。高宗在俄罗斯驻韩大使馆避难滞留期间，对近现代社会发展做出了自己的规划。其中最具有代表性的就是皇宫——景福宫的建设以及在东亚地区象征皇权国家空间的圜丘坛的建造。建造皇权象征的祭坛主要意义是显示与邻国中国和日本同等的国家地位。当时韩国正式的国名叫"大韩帝国"。在中国的历史上只用单字秦、汉、隋、唐、明、清等汉字来定朝代（国家）的名字，而韩国历史上的朝代称谓都是用了两个或三个字。高宗时代将"朝鲜"国名改为"大韩帝国"，并决定代表其国名的统称为一个字"韩"。这是一个具有划时代意义的事件，是韩国从以中国为中心的朝贡体制之下的东方王朝国家迈入近代主权独立国家的象征。

当时朝鲜王朝推行的方法是在学习近代西方文明的时候，一定要做到东方传统和西方文明新事物之间的和谐、统一，这个政策叫作"旧本新参"，等同于中国的"中体西用"和日本"和魂洋才"。"旧本新参"在建筑物上的就是西洋式建筑风格与朝鲜古代传统建筑风格并存的德寿宫。中央部分是以景福宫为中心，西边是德寿宫，东边是圜丘坛（祭坛），这两个近代建筑物是当时高宗皇帝所建造的大韩帝国的象征。

圜丘坛主要用来祭天，在大韩帝国刚成立时主要举行一些皇帝的礼仪、庆典。中国的天坛由祈年殿、皇穹宇和圜丘坛三个建筑物组成，沿着中轴线建设而成，而韩国的圜丘坛由皇穹宇和圜丘坛两个建筑物组成，圜丘坛在日本殖民时期被拆掉，现在只剩下皇穹宇。中国可以在一个非常长的轴线上把所有建筑都建上，而当时首尔也就是汉城，其空间比较狭小，缺少土地，找不到如此长的中轴线空间来建这组建筑物。但是中国的皇穹宇是1层，韩国的皇穹宇是3层。也就是说韩国可能是将北京的祈年殿和皇穹宇两个建筑合二为一，进行了重叠设计。大韩帝国之前，朝鲜时期祭天的圜丘坛叫"南坛"，后来变成日本军营。朝鲜时期，原来汉城（首尔）的中心位于北部。朝鲜高宗国王在南部建了圜丘坛等一

些官方建筑，汉城的中心不断地南移，时至今日贞洞地区已演变成首尔的中心地带。

四、首尔的道路网

朝鲜时期汉城的主干大路，东西方向为钟路，南北方向为南大门路。在大韩帝国时期的地图上可以看到，新开设的两条市中心的大路，一条为太平路，另一条为小公路。当时高宗皇帝的明成皇后被日本浪人杀害，为举行国葬故意延迟两年，为出殡队伍行进而建了太平路。建造这条路的理由没有明示，但是出殡队伍行进道路连接景福宫，以宣示大韩帝国的正统性，并借以新开道路展示给老百姓和外国人，有明示大韩帝国已经成为近代文明国家的意思。同时，这条路用以被日本人杀害的皇妃出殡这个事件，不断注入高宗对明成皇后的记忆和思念之情等。老百姓走在这条路上，会首先想到日本人杀害明成皇后这个事件，在悲痛之中，也思量着大韩帝国走向未来文明国家的方向。

在另一条皇妃出殡的道路也就是原来的东西方向的主干线"钟路"上，建造亚洲国家首都首条城市轨道电车。在这条道路的空间范围，可以同时感受到古代文明的一些历史痕迹，以及近代西方文明的影响。轨道电车去往皇帝陵墓所在地方"洪陵"。人们乘坐先进的文明产物——城市交通轨道电车的同时，能够联想到自己国家所经历过的痛苦，从自己国家的皇后被人杀害这样一个历史的不幸中，感受发展现代科技的必要性。

小公路位于圜丘坛前，这是一条新开通的路，在高宗皇帝登基之前还没有，所以之后就成为大韩帝国皇帝祭祀、祭天及举行其他大的庆典而要走的一条巡礼之路。小公路旁原有的建筑是"迎恩门"，其作用就是迎接从中国来的使臣，后来拆掉又建了一个新式建筑"独立门"。其建造的原因是为了显示大韩帝国已经是一个独立自主的国家。在旁边也建了一个独立公园作为附属设施，其作用是展现出当时的朝鲜王国不落后于周边国家，在努力学习西方文明，具有良好发展前景的国家形象，1902 年市中心也建筑了"纪念碑殿"。

五、城市布局的变化

日本殖民地时期，国家权力主体的变化导致城市布局上也有了变化。圜丘坛后来遭到损毁，日本人就在大韩帝国象征的圜丘坛建立了"朝鲜铁道大饭店"，委托一位德国人设计。当时设计者把圜丘坛的一个建筑"皇穹宇"留在了饭店的背面，于是在饭店住宿的日本人都可以透过窗户看到大韩帝国的象征建筑物。"二战"日本投降之后，饭店被拆了，重建了"朝鲜大饭店"。亚洲各国都会有自己固有的文化，我们如果能够研究这种文化，就可以理解古代建筑以及背后潜藏的历史。

前面所说"太平路"建造的原因是由于朝鲜的国葬，安葬明成皇后的队列在这里走过之后，这条路就已经失去了"国葬之路"的历史性意义。日本殖民地时期，这条路的北端依次有日本驻朝鲜总督府、京城府厅以及火车站，这些城市建筑都是殖民地时代的象征。"太平路"在被日本占领以后，其原来的意义就已经完全消失。"小公路"的对面是日本大将军长谷川好道的官邸，1913 年日俄战争之后改名为"长谷川町"，之后路边建造了朝鲜铁道大饭店、朝鲜银行和京城邮局等，这条路便成为经济和金融商业的中心地带。为了举办 1929 年"朝鲜博览会"，日本人把景福宫的各种建筑物拆掉毁损。景福宫的正门是光化门，被拆掉并转移到东侧，并且留存至今，现在的样子看起来非常寒碜、落魄。20 世纪 60 年代，在景福宫地区还可以看到日本驻朝鲜总督府大楼，1995 年为了迎接韩国独立 50 年，金泳三总统下令使用爆破手段拆除了这座大楼，之后，景福宫附近就没有特别高大的建筑物阻挡，显得非常干净、清爽。

我们从历史的视角来看拆掉古代老旧建筑物、建造新的建筑物，人们可以借助建筑物了解其承载的时代背景和事件。通过建筑物也可以学习到曾经过往的那个时代的风貌，建筑物是不能独立于社会文化背景而单独存在的。总之，通过介绍首尔贞洞地区具有代表性的建筑物变迁过程，可以感受到韩国在近现代城市发展过程中产生的建筑理念、思维方式以及对现代文明的思考。

现代都市的民俗传承：

以日本城市的正月食俗为例 *

何 彬 **

【摘 要】讲述日本城市正月食俗的保留、演变和传承的过程，从一个侧面反映出社会变革、经济发展以及人们生活方式的改变。

【关键词】都市民俗学；节日食物；正月食俗

一、日本民俗学的诞生

日本民俗学的诞生，可以简单地概括为一句话：它不是从其他欧美国家进口的学科。日本的哲学、外语、数学、化学等很多学科都是舶来品，而在明治维新之后新学引进时，大学里没有"日本民俗学"这门课程。在日本民俗学创始人柳田国男和其他爱好日本乡土文化的人们的共同努力下才有了日本民俗学这门学科。过去都是以爱好地方文化的一些地方文化人士为中心，20 世纪 60 年代以后，日本民俗学逐渐变为以研究者、学者为中心。

日本民俗学研究范围很广，这与柳田国男有很大的关系。柳田国男的生活轨迹基本是与日本民俗学相关的。他很早就开始关注农民的生活，他的后半生在没有工作收入的状态下，全力以赴投入他喜爱的事业。柳田国男奠定的日本民俗学从田野调查开始，他对农村的研究非常著名。重视调查，调研重点是农村、农民，这也是日本民俗学的传统。

日本现代民俗学，实际上比中国的现代民俗学起步更晚，柳田国男提

---

* 本文是作者为北京学研究基地"亚洲地方文化"系列讲座所作报告内容。

** 何彬，日本东京都立大学名誉教授，南京农业大学特聘教授。

出了一个著名的"一国民俗学"理论，就是先要把自己搞明白再研究别人。在这个基础上他非常反对轻易地做比较研究，这在一定程度上限制了他的学术发展。日本现代民俗学会成立之后发生了一些变化，但是整个民俗学界还是以柳田国男理论为中心的。

二、日本都市民俗学

20世纪60年代东京奥运会召开，日本开始进入奥林匹克时代。日本经济开始高速发展，国民生产总值快速提升。因为城市缺乏新的劳动力，大批农村人口离开家乡，去城市就职。这种状况下，年轻人突然离开自己熟悉的村庄，他们所知道的那些生活和民俗突然就没有了土壤。

在这种状态下，日本民俗学开始关注城市，最有名的是宫田登先生，他提出日本是一个非常保守的民族，他们非常注重保护自己的一切。在年轻人进入城市的时候，身上带了很多村落的因素，他们把这些因素带到城里，总会用某些方式表现出来。日本城市是在日本乡村生活的基础上建立起来的，所有人对他们在城市里的生活都有一种新的体现。从此，有一批民俗学者相继开始关注城市。

我们很多人到日本留学或者短期工作、旅游，无论是在大都市东京还是在某些小城镇，各个角落都能感受到日本味特别浓。比如和服、和食，比如筷子、装饰物的色彩、传统的纹样，还有逢年过节的食物等，这些是日本都市民俗学研究比较关注的问题。

三、日本年节与食物

日本的年节已经转换为按照阳历过，但是各个节日吃的特色食物基本保持传统。作为民俗文化的载体，我们着重观察一下节日食物。节日时的"吃"，多是不同于平常日子为了吃饱而吃，一定要有一些"讲究"，有一些象征性的意义在里面。制作节日食物时的行为也带有很多文化内涵。节日食物的形状、色彩、数量也要有讲究，还有谐音讨彩头等。本文重点讲正月食物。

日本民俗学有一个词叫节句，是指时间转换的节点，就是我们讲的节日节庆。还有同音的另一个词，写作节供，是指在节日期间，为了那天或者为了那几天专门做的一些食物，先敬给神、敬给祖先，然后和家人一起吃，或全体村民一起吃，所以民俗学曾经有过一段争论：是叫"節句食"还是叫"節供食"。从意义上区别的话，专门给神社做的、专门供神灵的叫"節供食"，节日期间人们做来自己吃的叫"節句食"。节日食物一般就是用它的色彩、形状和名称谐音等来表达不同的寓意。

按时间举例，先讲大年三十也就是除夕的时候要吃的食物荞麦面，叫越年荞麦面。人们搬家之后要吃荞麦面条，也要给新邻居送荞麦面条，日语荞麦面条的发音是"SOBA"，同音的其他意思是旁边、侧面、附近的。送给邻居们"SOBA"，就是寓意"我家搬到你们家旁边来了，今后咱们要好好交往、相互关照做个好邻居"。送你一包荞麦面条，它是一个谐音民俗，一般讲究要送四五人份。荞麦面条形状是细细长长的，在乌冬面没有很普及的时代，荞麦面粉里加少量的长山药，或者盐，或者加一点面粉，就可以把荞麦面条擀得细细长长的，从形状寓意长长久久，很吉利。荞麦面条即是极为日常性的食物，也是过年必不可少的食物，是一种日常性和非日常性兼有的食物。在日本，除夕晚上要吃荞麦面条辞旧迎新。吃的荞麦面条有两种形式，一种是热汤面式的，还有一种凉面形式，可以蘸调料汁吃的。

下一个节日食物的事例，是汉字写的"饼"，它发音"MOQI"，是指用蒸好的糯米捣成的黏糕。正月有两种吃法，一种是直接烤着吃，另一种是做煮年糕，这也是新年的两种重要的节日食物。在日本，糯米的产量远远低于大米，所以只有在庆祝的时候才捣黏糕。过去捣好的黏糕是要供给神的，因此它是一种祭祀食物，而祭祀一定要伴随有祭祀仪式，黏糕则又是礼仪食物。后来黏糕成为专供给朝廷和贵族食用，是很高级的食物。江户时代黏糕才走进平民百姓的生活，大家开始在过年的时候吃。

"镜饼"是两个大大的圆形黏糕饼叠摞在一起，正月时供在神社。现在超市也卖很小的镜饼黏糕，很多人家在腊月买一个小小的镜饼摆放在家里。商店里很多卖的都是家里用的小镜饼，还有一些切好的小年糕，供人们过年时煮年糕用。现在不是村落或家庭自己去捣了，是商家准备好现成的商品化的成品镜饼黏糕和一般食用黏糕。黏糕有长方形、圆形，圆形是捣完之后拿手揉圆的，长方形是捣完之后拍平切成的。

杂煮，是煮年糕。新年第一碗饭大家要把年糕烤一烤，煮在汤里吃，这也是一种正月的饮食习俗。加工方法是烤一下，或者直接放在酱油汤、鸡汤里或者酱汤里煮，这就是煮年糕。荞麦面条店可以出售越年荞麦面条，而店铺里是不卖煮年糕的，只有初一一早各自在自己家里煮。现在20多岁的年轻夫妇基本都不做也不吃了。

再讲一讲屠苏酒，我最早知道屠苏是因为唐诗宋词里有这个词。很多在中国已经消失的习俗在日本还有保存。在日本新年的时候还能看到屠苏，这也是中国很早的正月习俗。屠苏酒是由屠苏散泡制的，每到腊月药店就有卖。每一个屠苏散的纸袋背面，有说明文字介绍屠苏的历史、成分、制作方法和功效。屠苏散的方子最早是从中国传到日本，最早在皇宫正月里饮用，而后因为传说饮用后对身体好，有助于一年不患疾病，所以老百姓正月也开始泡制和饮屠苏酒。

根据我调查得到的数据，可以得出这样几点结论：第一，中国现在似乎没有正月饮屠苏酒的民俗。第二，江户时代，正月饮屠苏酒从贵族习俗变成了一般性民俗。第三，昭和时期开始退行性变化，平成年代以后药店卖屠苏散的越来越少，一般人家喝屠苏酒的也减少了。

下面介绍一下日本的年菜。过去除了正月，还有三月三、五月五、七月七、九月九，一共是五个大节日，五个大节日供奉的菜叫作年菜，具体的年菜品种是谐音、谐形、谐色且赋予不同的文化价值。

在过去，家家户户要在腊月里逐个煮好烤好做好年菜，要做出可以供全家正月里吃几天的量。装在讲究的年菜漆盒里，除夕和初一全家吃，正月里来客人要马上端出年菜盒和酒待客。哪种食物少了要立刻添加再端上。现在可以在超市买到真空包装好的各类年菜，还有装在类似一次性饭盒的年菜盒，彩色的图案烘托正月气氛，虽然是一次性的，但省掉保存一年只用一次的麻烦，城市年轻人组成的家庭很偏爱这样的简约化年菜。

新年装饰品里有橘子，橘子发音叫"代代"，谐音是代代相传。橘子长在树上，到冬天不会落，跟叶子一起长在树上，一直到第二年又开了花再结橘子了才落，它要看到下一代长成之后才肯掉落，这个过程比较吉利，所以正月一定要用"代代"橘摆在新年的镜饼上或者正月大门的装饰上。因为它有浓厚的民俗意义，所以用在很多正月的装饰上，现在用塑料模压成的代代橘，旁边一般还要有塑料模压成的大龙虾。

正月食物里的虾也很重要。大虾，在日本又叫海里的老人，因为老人的腰总是弯弯的，煮熟了的虾也是这个状态，红红的。日语汉字写作海老，说人都驼背到这样了，说明他很老了，他这样是长寿，所以用大虾、龙虾来表示长寿。寓意吉祥的橘子和龙虾，一直传承下来，从生鲜食物变为塑料模压品，但形状和寓意依然在城市里传承，年菜里也一定要有煮虾。

谐形、谐色以求吉祥，是年菜的一些寓意特点。基本上是祈祷丰收、祈祷健康、祈祷一家平安，再祈祷一点财。另外，年菜属于预祝性的食物，就是预祝今后会有好结果而事先进行的预祝性行为，预祝行为除了去神社祈祷，在家里吃东西也可以达到预祝目的，节日饮食的民俗由此形成并被继承下来。

现在进行的民俗研究，是研究城市环境下的民俗，例如看年菜的变化，看喝不喝屠苏，用不用屠苏器喝。实际上屠苏是现在消失最严重的一个民俗，也就是说口头传承的"为什么要喝""喝了就会怎么样"的传说没有流传下来。没有了这种年节传说之后，一般小孩在新年会想去迪士尼乐园，想吃汉堡包或意大利面。现在正月里很多人都不在家过了，全家或年轻人相约出去过节，去滑雪，去外国玩，因此也就无法维持初一早上起来喝屠苏酒的习俗了。

四、都市民俗和民俗传承链

都市民俗的传承主体和传承链已经发生了很大的变化。在大部分情况下曾经的民俗传承者，现在是民俗的消费者，而民俗已经变成一种商品，由商家来继承、生产，而人们去消费，这样就形成一种新的都市型民俗传承链。

现在的民俗物品都是生产厂家做的，大家买回去或装饰，或饮食，这样就延续了这个民俗。在城市，尤其是年节的装饰民俗、饮食民俗、祈福行为民俗的成品商品化非常明显。而民俗的商品化依赖于商家，我教过的民俗学专业、历史学专业做民俗、做日本文化研究的学生，非常容易在食品类生产的地方就职，如日本酒类产业就职，是因为他们懂得民俗，企业需要让他们提供民俗知识，拓展民俗产品开发生产。现在日本有许多企业都注意顺应人们的民俗习惯需要，同时扩大产品销路。

　日本城市的正月民俗和正月食俗基本保留着传统的形式和味道，也有些在逐步变化。日本的正月习俗和食俗很多是受中国古代文化影响而形成的。有的从皇宫贵族进入平民社会，在长年继承过程中发生流变。如果放宽视野，从中国、日本、韩国城市习俗的大角度重新审视这些习俗和食俗，可以得到东亚地区有关文化和民俗流传与演变特征和规律的研究成果。期待中日韩城市研究者联手科研的成果不断扩展和深入。

岭南文化的起源与传承*

叶　农**

【摘　要】 岭南文化与中原文化有着深厚的渊源。岭南独特的自然环境，使之形成了与中原文化不同的历史文化和人文氛围。岭南文化既包括地理环境和建筑这些具象的物质文化，也包括说唱艺术、戏剧、通俗文化和饮食文化等非物质文化。

【关键词】 岭南文化；文化传承；饮食文化；艺术文化

　　研究岭南文化的起源与传承，首先要了解岭南是指什么。岭南是一个相对于岭北的概念，这个概念始于秦汉时期。中国的地势西北高、东南低，在中国东南部有一个山脉叫作南岭，或者叫作五岭，从东到西有越城岭、都庞岭、萌渚岭、骑田岭、大瘐岭五座高峰。这些山峰平均高度只有1000多米，虽然不是很高，但是它足以阻挡北方吹过来的寒风，因此，在岭南地区冬季是比较温暖的。一方水土养一方人，岭南不同的自然环境，形成了不同的历史文化和人文氛围，它不是一个独特的体系，而是一个文化的分支。

　　岭南文化与中原文化有着深厚的渊源，岭南文化并不是独立王国，岭南文化与中原文化有很多相通的方面。岭南文化的起源与中原文化有一些不同，但主体是一致的。晚清重臣张之洞在其《劝学篇》中对"中学为体，西学为用"有系统阐述，岭南文化是用体，并不是另外一个独立的文化；"中学"是主体，就是三纲八目，三纲是明明德、亲民、止于至善，八目是格物、致知、诚意、正心、修身、齐家、治国、平天下，是以这些

---

　*　本文是作者为北京学研究基地"亚洲地方文化"系列讲座所作报告内容。
**　叶农，暨南大学澳门研究院院长、教授。

为核心的儒家学说。西方文化讲究征服自然，用外力和法制来约束人们。中国文化推崇通过内心的训练来提升自己。中原文化是主体，是源头和核心组成部分。岭南文化是分体，是中原文化向外辐射、延伸而形成的新文化融合体。中原文化是中华文化之根，岭南文化是中原文化的开枝分叶。

一、岭南文化的起源

岭南非常大，东起福建的西部、南部，西到云贵高原，南到越南北部，因此这里孕育了复杂的地方文化体系。第一个核心部分是珠江流域，这里的人都讲广东话。第二个主体是粤东地区。第三个是西南地区，包括桂西文化、海南文化。岭南地区的北部居民很多是客家人的后裔。

岭南文化从物质文化即形而下的文化，逐步过渡到形而上的抽象文化。形而下的文化是具体的、物质的，是指地理环境和建筑这些具象的物质文化。鉴于这两者之间，就包括盆景艺术、工艺美术，还有一些非物质的形而上的文化，包括说唱艺术、戏剧、通俗文化和饮食文化、医药等。岭南文化逐步从物质过渡到非物质，从形而下发展到形而上形成一个完整体系。

岭南与海有密切的关系，海上贸易关系是闽南地区经济发展的重要因素。改革开放之初，大家都去广东做生意，有句俗语"东西南北中，发财到广东"。广州设城比较晚，但一直是中国海上丝绸之路对外贸易的窗口。广州港口规模之大，管理之严密，是其他城市没法比的。广州有海上贸易，海上丝绸之路使岭南地区有明显的地理边缘效应。

岭南文化的主体是广府文化，广府文化指的是广东省广州府地区使用粤方言的汉族居民的文化。

二、岭南文化的传承

整个岭南地区风光秀美，物产丰富。岭南的地理环境也特别好，北部背靠高山，还有河流。岭南有四大名山，即罗浮山、西樵山、鼎湖山和丹霞山，最高峰是1700米。岭南的山不高，但是各有特色。丹霞山整个山的岩石是红色的。鼎湖山在肇庆，是一颗绿色的明珠。岭南地区物产特别丰富，比如岭南有水果四大家族，即荔枝、龙眼、菠萝和香蕉。"一骑红尘妃子笑，无人知是荔枝来"，岭南是荔枝的原产地。

岭南地区的农业生产状况是，地势比较低洼的地方，就挖鱼塘，在塘边上种植桑树、养桑蚕，或者种甘蔗，蚕的排泄物成为鱼的饲料，这样形成了一种闭环的农业生态系统。

岭南的建筑特别讲究。第一要讲风水。第二是装饰有艺术性，有三雕——石雕、木雕和灰雕，这个木雕也不是普通的木雕，岭南的木雕都是真正的立体雕。岭南有一座高大的佛塔复制品，有岭南第一塔的美誉。从珠江口坐船到广州，必须经过三座塔，第一座是莲花塔，第二座是琶洲塔，第三座是光塔。光塔是一座清真寺的塔，它的塔身是光的、抹平的，晚上会在塔顶点上灯，灯就是光，光就是灯。

岭南的工艺美术非常有特色，比较著名的是广绣。绣花看起来容易，做起来很难。针的型号从 1 号到 16 号，细到什么程度？一个丝线最多可以辟成 16 份，然后穿到针孔里面去。扎下去容易，扯上来就难了，扎下去是看得见，拔上来就很难对得准。2006 年 5 月，广绣经国务院批准列入第一批国家级非物质文化遗产名录。

岭南的潮州金漆木雕也很有特色。把一块木头雕成立体的，全部镂空。技术高的雕工，间距都很小，还要把金箔贴上去。黄金有特别好的延展性，1 克黄金可以打成 248 片，然后把每一片很精确地贴在这个雕好的木雕上面，而且还不能看出接缝。黏合剂是一种油漆，涂上去之后，用很快的速度把金箔推上去，就看不出接缝。

端砚是岭南著名的工艺品。读书人最讲究的四样东西是文房四宝，即笔墨纸砚，笔是湖笔最好，纸是宣纸，砚就是端砚。端砚是一种特别细腻的石头，冬天的时候哈口气就可以磨墨。值得一提的还有陶瓷和广彩，故宫文物中的釉上彩多数是广彩。岭南剪纸、铜锡器、佛山木刻年画也都很有名。

三、岭南饮食文化和非物质文化的传承

"民以食为天"，饮食文化非常重要，岭南的饮食文化非常独特。"食在广州"这句话名不虚传。在岭南地区，吃饭是很有特点的，大家去饭店

吃饭，第一道菜是上汤，后面才上菜。菜很有讲究，讲究火候，要新鲜。岭南地区的潮州菜很有名也很有特点。岭南饮食比较有名的还有客家菜，客家地处山区，口味比较重，肉菜比较多。

岭南的非物质文化有粤剧、客家山歌等。周恩来总理曾经在中国戏曲会演看过两场戏，他说江浙一带的越剧，叫作江南南方，岭南的粤剧叫作南国红豆，粤剧在全世界都很有影响力，有华人的地方就有粤剧。另外，特别值得一提的是岭南画派，为中国画做出了很大的贡献，也是中国艺术史上的一次革命，创造了一个新的画法。

讲到广东，必然要讲一讲广东话。广东话保留了很多粤语古音，很有特点，是秦汉时期中原汉语与闽南古话结合的产物，开始一直受到北方汉语的影响，它们的分道扬镳发生在宋元之后，独立发展成为一个新的方言体系。我小时候读过一首诗，"国破山河在，城春草木深。感时花溅泪，恨别鸟惊心。峰火连三月，家书抵万金。"这个"抵"字是什么意思？学广东话的我对这句话特别能理解，"抵"就是"值"的意思。

岭南艺术文化最大的特点不在于它的艺术性有多高，不在于艺术理论有多强，而在于通俗性。广州人大多数有一个特点，赚钱赚够吃饭就可以了，也就是小富即安的市民心态。广东的通俗文化特别发达。在岭南，通俗歌曲是极受欢迎的，这也是岭南文化的通俗性特色。总之，岭南是一个充满烟火气的地方。

北京历史文化研究

基于现代演化结果的长城聚落分类及保护策略研究：

以明长城北京段为例[*]

王陈建　张景秋^{**}

【摘　要】聚落是浩瀚人类文明星海的强光区，表征着某一地域人类历史与文化的足迹。中华文明是世界文明宇宙的银河系，长城聚落是中华文明史上的一颗璀璨明珠。

作为抵御外敌和前沿阵地，明长城沿线聚落在最初营建时就担负着重要的军事使命。而从明末尤其是清代以来，长城原有的军事性被逐渐淡化，其所孕育的军防聚落也逐渐演变为普通居民聚落，并不断发展为乡村、县城，甚至都市，对现代城镇地理格局产生了深远影响。基于此，本文以明长城北京段的长城聚落为研究对象，试图探究它的现代演化结果与规律，并在"人与遗产"关系的视角下，从聚落的不同演化结果出发，探讨长城聚落的分类保护及其开发策略。

【关键词】北京明长城；聚落；现代演化；保护策略

＊　本文为北京市昌平区明十三陵管理中心项目"居庸关景区文化提升"研究成果之一。

＊＊　王陈建，北京联合大学应用文理学院地理学硕士研究生。张景秋，北京联合大学应用文理学院院长、教授，北京学研究基地副主任，本文通讯作者。

一、引言

长城是中华民族的文化象征，长城文化表征着中国源远流长的历史与赓续绵延的民族血脉。聚落是人类文明的载体，长城沿线聚落承载的长城文化是中国历史文明的精华所在。自习近平总书记在庆祝中国共产党成立95周年大会上提出"文化自信"，强调"文化自信"是更基础、更广泛、更深厚的自信以来，我国文化事业不断开拓，长城文化相关的研究也因此逐渐深入。

明长城是我国现存规模最大、遗存物最丰富的重要文化遗产，近年来有关明长城的研究层出不穷，为我们了解长城文化和树立民族文化自信贡献了强大能力。在研究对象方面，多数研究都会基于长城的古代建制，研究对象多集中于某一特定的镇域或路。①② 例如郑雨晨等以明长城真保镇军事防御体系为研究对象，通过相关史料梳理和地信技术手段，归纳总结出了真保镇军事防御体系的空间分布特征及其与自然地形间的关系；③ 李椿晖学者通过分析城墙结构、防御设施和地理分布等方面的内容，揭示了明大同镇长城及其所辖古城堡的建造特征。④ 在研究内容上也各有侧重，但长城的聚落研究仍然是一贯的热点议题。⑤ 例如谭立峰等学者以明长城聚落和海防聚落为研究对象，对比研究了分形理论在传统军事聚落研究中的应用与优势；⑥ 李硕等以北京市密云区30个明长城沿线聚

① 张玉坤，李松洋，谭立峰，等. 明长城居庸关防区军事聚落与驻军聚集特征 [J]. 中国文化遗产，2022（6）：91-101.

② 冯悦. 明延绥镇清平堡遗址保护与利用研究 [J]. 文物鉴定与鉴赏，2024（4）：55-58.

③ 郑雨晨，张玉坤，李严. 明长城真保镇军事防御体系空间布局与自然地形探析 [J]. 古建园林技术，2023（5）：118-122.

④ 李椿晖. 明大同镇长城及其所辖七十二边塞古城堡的建造特征分析 [J]. 文物鉴定与鉴赏，2024（5）：24-27.

⑤ 李严，尚筱玥，周雅琴. 明长城军事聚落地理景观模式 [J]. 风景园林，2023，30（2）：97-104.

⑥ 谭立峰，周佳音，张玉坤. 分形理论在传统军事聚落研究中的应用与优势：以明长城、海防聚落为例 [J]. 城市环境设计，2023（4）：346-351.

落空间为研究对象，着重研究了沿线乡村聚落的空间形态特征及其影响因素。①

北京在明代是都城所在地，同时由于它地理位置靠近北方游牧民族的势力范围，这使得北京地区的长城营建成为整个长城体系中十分重要的一环，这也间接孕育了北京地区深厚丰富的长城文化。在 2017 年北京公布的《北京城市总体规划（2016 年—2035 年）》中，全国文化中心建设成为党中央赋予北京的重大城市战略定位之一。而《北京市长城文化带保护发展规划（2018 年至 2035 年）》作为其中针对长城这一重要文化资源的专项规划，是北京市推进全国文化中心建设的重要成果和应有之义。经梳理发现，有关北京地区明长城的学术研究在整个长城学术界具有重要地位，细分的研究对象和重点研究内容也十分丰富。②③例如张月莹等以 DEM 数据、北京市长城普查数据以及森林资源规划设计调查数据为数据源，借助 GIS 技术探究了北京明长城沿线森林景观斑块地形梯度分布特征；④贺鼎等学者借助 ArcGIS 空间分析工具，从自然环境、历史军事区划、都司卫所制度等角度分析了北京明长城遗产空间的分布特征及其影响因素；⑤王长松等以北京明长城为评价案例，对文化遗产阐释体系进行了研究。⑥

虽然学术界对北京明长城已经做了多方面的研究，但有关北京长城聚落的研究仍然较少，且多数研究的尺度聚焦于明代军事防御体系下的某个

① 李硕，石炀，张杰. 北京明长城沿线乡村聚落空间形态特征及其影响因素研究 [J]. 小城镇建设，2024，42（2）：50-58.

② 骆文，张晓俊，吴奇霖，等. 京津冀明长城军防聚落现代演化及分类保护策略探讨 [J]. 自然与文化遗产研究，2024（1）：48-56.

③ 霍芃芃，侯庆明，周庆，等. 基于多种数据源的三维重建方法研究：以北京明长城为例 [J]. 测绘通报，2020（S1）：262-267.

④ 张月莹，蒋丽伟，王焱，等. 北京明长城沿线森林景观斑块地形梯度分布特征 [J]. 绿色科技，2023，25（12）：1-7，12.

⑤ 贺鼎，王子瑜，张杰，等. 北京明长城遗产空间分布特征及其影响因素研究 [J]. 干旱区资源与环境，2022，36（4）：184-191.

⑥ 王长松，张然. 文化遗产阐释体系研究：以北京明长城为评价案例 [J]. 首都师范大学学报（社会科学版），2020（1）：139-149.

镇或者关城，缺乏对整个北京明长城聚落的系统性梳理。① 基于此，本文以北京明长城的聚落为研究对象，以可利用的文献古籍资料和现代技术手段为依托，基于其现代演化结果对其进行聚落现状的系统性梳理和演化相关性因素的探究。在聚落分类的视角下，以北京长城文化带协同可持续发展为出发点和落脚点，关注"遗产化"之后的长城聚落与人的互动关系，归纳出"乡镇（村）型""荒野型"和"景区型"的保护利用策略，以期能为北京长城文化带的保护和全国文化中心建设进行一些有益的探索。

二、研究对象及数据来源

本文的研究对象是长城聚落，顾名思义，指的是在长城沿线及其附近地区，为了军事防御和居民生活需要而形成的大小不一的聚居点。这些聚居点包括城池、堡寨、关城等，它们不仅具有军事防御的功能，也是长城沿线居民的生活和聚居场所。在《长城资源调查名称使用规范》中，长城的组成部分包括墙体、墙体设施、关堡、烽火台、其他相关遗存等。其中，关堡的定义为："关，一般指筑有城、围的屯兵地，一般依托于墙体，也称为口"；"堡，一般指筑有城、围的屯兵、居住地，为长城防御系统的重要组成部分，与墙体不发生直接关联"。可见，"关"与"堡"都是筑有城或围的居住地，内部屯兵。两者的区别仅在于是否与长城墙体发生直接关联。"关堡"这种建筑形式及功能与聚落具有高度共性。因此，本文根据《长城资源调查名称使用规范》，认为其中的"关堡"概念等同于本次研究的"长城沿线聚落"。

本研究的聚落点位数据来自"中国长城遗产网"上的长城分布栏目公布的长城调查信息，通过设置限制字段搜索最终获得 146 个关堡的坐标及相关信息，涉及门头沟、昌平、延庆、怀柔、密云和平谷 6 个区，其余数

---

① 龚俊杰，杨华，邓华锋，等. 北京明长城森林景观空间结构的分形特征及稳定性 [J]. 北京林业大学学报，2014，36（6）：54-59；刘珊珊，张玉坤，陈晓宇. 雄关如铁：明长城居庸关关隘防御体系探析 [J]. 建筑学报，2010（S2）：14-18；解丹，张铭昊，谭立峰. 基于 GIS 的明长城紫荆关防区防御性聚落空间特征研究 [J]. 中国文化遗产，2020（6）：97-104.

据来自互联网及相关文献古籍，其中用于目视解译判别演化现状的卫星遥感影像来自 Google 地图；地形地貌属性资料来自中国科学院地理空间数据云网站；"关堡"的名称、面积、级别等属性资料以及研究历史上的演化过程时，则参考了古代文献①②③及《中国长城志 边镇·堡寨·关隘》④。

三、北京明长城聚落演化分析

(一) 演化现状分析

聚落的兴衰存亡很大程度上取决于它的主体功能，纵观明长城聚落的发展史就能得到深切体会。长城沿线的聚落演化大致经历了三个阶段，第一阶段是军事功能时期，长城最初就是作为屯兵城池和主要的指挥阵地，肩负着重要的军事使命。长城的军事性在明朝达到了顶峰，明朝时期修建了许多新的城墙和烽火台，以应对北方游牧民族的入侵。第二阶段是军事性淡化与经济功能增强时期，"隆庆和议"之后，随着长城防御体系的军事性慢慢淡化，原先的聚落逐渐演变为普通居民聚落，经济功能逐渐增强。第三阶段是现代的多元功能时期，这些聚落在新的形势下走上了不同的发展演化道路，有些被废弃，有些则逐渐演变为普通居民聚落，并不断发展为乡村、县城甚至都市，有的聚落因为遗产资源规模大且保存状况较好被规划为旅游景区。

综上所述，不同时代给予的外部发展环境使得长城聚落的主体功能与演化方向不断发生变化，因此有必要对当前阶段长城聚落的现状进行一次系统性的调查与梳理。参照北京市共计 146 座明长城沿线聚落的地理位置信息，利用卫星遥感影像对这些关堡现状进行逐一判读，结合实地调研得到北京市明长城聚落现代演化状况统计信息，如图 1 所示。

---

① 刘效祖. 四镇三关志 [M]. 全国图书馆文献缩微复制中心复制本. 北京：全国图书馆文献缩微复制中心，1991：25-64.

② 王士翘. 西关志 [M]. 北京：北京古籍出版社，1990.

③ 缪荃孙，刘万源，等. 光绪昌平州志 [M]. 北京：北京古籍出版社，1989.

④ 张玉坤. 中国长城志 边镇·堡寨·关隘 [M]. 南京：江苏凤凰科学技术出版社，2016：190-446.

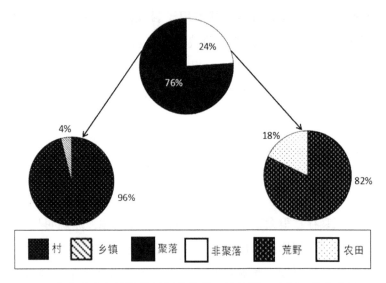

图1 北京市明长城聚落现代演化状况统计图（来源：作者自绘）

明长城聚落的演化现状可以分为聚落和非聚落两大类。76%的明代关堡在现代转化为了乡镇和村庄，有24%的明代关堡在现代并未继续作为聚落，而是变成了农田或完全被废弃。

就演化现状的细分类别而言，演化现状为聚落的111座关堡中演化为行政村级别的聚落占比高达96%，而演化为现代乡镇的仅占4%。在并未演化成聚落的明代关堡中，仅有18%成为现代的农田，其余82%则完全废弃变为荒野。

（二）演化规律分析

导致长城聚落演化的原因有很多，从一般性规律推演明长城沿线聚落的演化结果，可能的影响因素包括五类：面积、地形地貌、级别、军防体系中所处防线位置和交通条件。当然，这五类潜在的相关性因素与演变结果的关联性肯定是有差异的，因此有必要在定性研究的基础上进行定量的因素相关性分析。本文将基于长城聚落点位的这五类属性信息，运用皮尔逊系数法对影响聚落演化等级的相关性因素的方向与强弱进行探究，具体结果如表1所示。皮尔逊系数（Pearson correlation coefficient），也称为皮尔逊积矩相关系数，通常用 r 表示，是统计学中用来衡量两个变量之间线性相关性的度量指标。在 Sig. 值（显著性水平）符合阈值（一般设为 Sig.
<0.05）的前提下，皮尔逊系数值 r 范围在-1~1 之间，绝对值越接近于 1，
相关性越强（负相关/正相关）。根据 r 值的绝对值的大小可区分出 5 个相
关性的等级：0.8~1.0 为极强相关；0.6~0.8 为强相关；0.4~0.6 为中等
程度相关；0.2~0.4 为弱相关；0.0~0.2 为极弱相关或无相关。

表 1　明长城北京段聚落演化影响因素相关性统计表

变量名称	显著性水平（Sig. 值）	皮尔逊系数值（r）	相关性等级
面积	0.014 324 767 346 761	0.638 831 641 792 364	强正相关
地形地貌—海拔高度	0.009 152 745 536 420	-0.710 634 316 566 412	强负相关
地形地貌—腹地指数	0.021 462 387 571 404	-0.826 316 902 593 767	强负相关
级别	0.007316 566 638 831	0.517 014 324 745 536	中等程度正相关
体系中的防线位置	0.034 341 671 419 823	0.224 638 831 574 717	弱正相关
交通条件	0.726 217 639 751 418	—	没有线性关联性

1. 面积

聚落初建时候的面积是其演化发展的本底，之后的演化历史都深受其
影响，换言之二者之间具有内在关联性。通过查阅文献资料而后对比发
现：现代依旧作为聚落使用的关堡本身面积普遍较大，如昌平区居庸关城
面积达到 60 公顷有余，几乎是某些小关堡的上百倍；未能延续作为聚落使
用的关堡大多面积在 2 公顷以下，其中，成为农田的关堡大多面积在 1~2 公
顷，而完全被废弃的关堡大多数面积不超过 1 公顷，有的甚至与敌台、烽火
台面积相仿。这一观点也得到了皮尔逊系数值相关性结果的验证，其 Sig. 值
为 0.014 324 767 346 761，皮尔逊系数值（r）为 0.638 831 641 792 364，表
明两者呈现强相关性且是正相关，即城堡面积（周长）越大，聚落在现代
演化的级别越高（见图 2）。

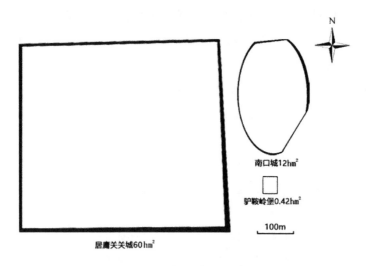

图2　不同关堡的面积差异

2. 地形地貌

地形地貌与军防聚落的演化结果之间也具有显著的关联性。"夫地形者，兵之助也"，军事要冲处的通行能力与其自然地形密切相关。在《四镇三关志》中，军事要冲的通行能力被分为三个等级："极冲""冲"和"缓"。"极冲"，一般地势平坦，通道宽度较大，通行能力强；"冲"，山谷相对狭窄；"缓"，一般地势较为高峻，仅能通过步兵。随着长城据点军事性的衰减，这些内存于它们的交通通达性并未消失，会深刻影响着当地聚落的发展走向。据此，对于地形地貌这一相关性因素，我们选择了海拔高度与腹地指数两个方面的信息进行定量分析。腹地指数是用来衡量研究区域的地势平坦程度的，具体操作方法是以聚落中心点为圆心、向外500米为半径画圆，提取这一范围内地表高程信息，并在 Arc GIS 软件中进行高程标准差分析计算，得出的值即为据点的"腹地指数"，这一指数值越大，说明区域的地势越崎岖，反之则越平坦。

从演化结果的数据统计信息来看，被完全废弃的关堡大多数分布在山上。因为当年选址时考虑到军事功能，这些地方海拔普遍较高且山路崎岖，具有易守难攻的优势，但随着驻军防御功能的消失，军事据点上的优势反而成为促进其聚落经济发展的劣势，这些关堡也不再作为聚落使用，如上关城、小长峪城、黄松峪关、驴鞍岭城堡等处。即便同为未被沿用的军防聚落，与完全被废弃的关堡相比，成为农田的关堡所处微地形一般也较为低平，具有开展耕作活动的条件。被沿用为聚落的关堡一般都位于平原地区或山区较为平坦、开阔的地方，具有充足的发展空间。通过计算皮尔逊系数值也显示出两者具有强烈的负相关性，即聚落的海拔越低、地形越平坦，在今天的演化级别越高。

3. 级别

都司卫所制度是明朝的重要军事制度，这一制度在明朝初期就设立了，然而对于长城沿线聚落而言，其真正载体就是长城防御体系中的各级大小不一的关堡。明朝的长城军事防御体系由大到小包括镇城（军镇、总镇）、路城（路）、卫城、关城、堡城、隘口等，等级的不同造就着不同的驻军数量与建筑规模，这造成其原先军事体系里的级别与现代演化的结果必然具有一定的关联性。皮尔逊系数值（0.517 014 324 745 536）也反映出两者具有中等程度的正相关关系，即军事级别越高，演化级别越高。演化沿用为现代聚落的关堡绝大部分是堡城以上等级的，而隘口等级的关堡则占据非聚落演化结果的绝大多数。

4. 军防体系中所处防线位置

长城，不仅是一道城墙，更是由众多的屯兵城和数道城墙组成的纵深防御体系。以居庸关为例，其从南到北共有五道长城防线，这些防线上的关堡聚落主要按照军队军事规则进行管理，一般采用横向分段把守、纵向各负其责的形式。因此，可以根据与边墙墙体的距离将明代军防聚落在纵向上分出 3 道防线：第一道防线紧贴边境墙墙体；第二道防线沿关口纵深布局；第三道防线则靠后指挥地。

根据常理可以推测出距离边墙越远的等级越高的关堡，其演化等级应该更高，因为它远离前线且一般地势低平，具备经济发展的良好环境。但是从定量分析的结果来看，其皮尔逊系数值为 0.224 638 831 574 717，表明军防聚落的演化结果与聚落在原先军事体系中所处区位的关联性虽然是正向的，但强度并不明显。某些远离边墙、位于内部腹地的军防聚落（如上关城、贾儿岭堡、黄松峪关等）并未如预想中那样获得更大的发展空间，仅演化为村落甚至被遗弃为荒野。

5. 交通条件

在明代，驿路是古代国家通信和交通组织的重要组成部分，是连接各城池的交通干线，可以理解为现在的国省道。因此本文运用 ArcGIS 软件，分别以 1km、3km 和 5km 设置缓冲区，落在缓冲区内的关堡点分别标记为 1级、2级、3级和4级交通据点（4级为不在缓冲区的点，即其离驿路的直线距离超过 5km），以此来衡量每个关堡的交通便捷程度。

根据皮尔逊定量分析的结果，显示出交通与聚落演化之间不存在线性关联性。虽然定量的数据分析如此，但通过常理的推导，这并不意味着交通因素与聚落演化毫不相关。如前文所述，位于山间、进出交通不便的聚落在后来的发展中往往被废弃，而位于平原、交通易达性强的聚落则有更大的发展空间。因此准确地说，交通发达是演化为较高级别聚落的必要非充分条件。并非所有在驿路主干道上的聚落都能演化为较高级别，交通之外，还要考虑其他因素的影响，如地形海拔、关堡本身的规模和级别等。

6. 小结

历史上长城的营建都是基于很强的军事目的而为之的，相应的军事据点的选择和聚落体系的构建都要依从于整个国家的军事防御策略。聚落的级别和重要性也依其在整个军事防御体系中的地位而定。然而自明代隆庆和议之后，沿线军事对立关系趋于和解，茶马互市贸易兴起。而后到了清代，长城内外基本上实现了"大一统"，长城的军事防御功能基本上成为历史，经济发展则成为聚落主要的发展演化动力。因此，对经济发展有利的因素决定了聚落在演化中获得更大发展空间的能力，这些因素主要包括便利的交通条件、较为平坦的地形、充足的发展腹地等。

总体来说，面积、地形地貌和区位条件与长城聚落的现代演化结果关联性较强，这从侧面证明了后期聚落发展的驱动力主要是经济因素。而原先长城军事防御体系中的级别地位与聚落的演化结果呈现出一定程度的关联性，军防体系中的防线级别则并未发现明显关联性，既反映出两个时代聚落发展驱动力的差异，也可以看出部分聚落始终具备某些发展的优势。

四、"人与遗产"关系视角下长城聚落分类保护利用策略探讨

在长城保护方面，人们以往的关注点大多聚焦于长城物质遗存本身。因此造成对长城资源的分类方式也多基于物质本身特性，较少关注遗产与人的互动关系。事实上，经过漫长的岁月洗礼，长城聚落的主体功能与构筑物本身的社会属性都随着时代而不断地变迁着。这种变迁是基于长城遗存物与人类的生产生活之间互动而造就的，它具有时间阶段性和地域特殊性。关注明长城聚落的现代演化结果，实际上就是关注现代人与遗产的互动关系。在不同的时代背景和地域环境下，遗产面临的威胁因素、保护管理侧重点、展示利用方式也有所区别。

因此，根据上文的演化分析，当今北京市明长城聚落遗产可以归纳为3大类型，即"乡镇（村）型"和"闲置没落型（荒野型）"，以及比较特殊的一类"景区型"。这3种类型长城聚落的文化及其历史遗存物面临着不同的保护发展现状，故对其进行针对性的分类保护策略探究是有必要的。"乡镇（村）型"是指在今天演化为乡镇、村或者位于村旁农田中的军防聚落，其周边环境主要为乡镇、村或农田。"荒野型"指被完全废弃、基本位于荒野中的军防聚落。而"景区型"则是最为特殊的一种演化形式，指在现代进行景区式管理的军防聚落。几种类型遗产的特性及针对性保护利用策略分别如下。

（一）"乡镇（村）型"策略——打造长城脚下的乡村文旅品牌

"乡镇（村）型"演化的军防聚落在规模上是占比最多的，其中聚落演化类别中村落型的占比也是最高的，加之其保护力度较低、开发规模较小，因而这种类型的长城聚落是我们重点提升的关注对象。宜根据各乡镇（村）的发展水平，鼓励有条件的乡镇（村）打造长城乡村文旅品牌，如"长城度假休闲小镇""长城农耕长廊"和"长城人家主题民宿"等，展示长城文化魅力、促进乡镇经济与遗产资源的可持续发展。

1. 加强遗产保护宣传，增加保护性设施建设

首先，要加强遗产保护宣传，可以通过举办讲座、展览等活动，以及

利用媒体、网络等渠道，广泛传播长城聚落的历史文化价值，提升公众对长城聚落文化遗产价值的认识，从而增强保护意识。其次，要完善保护机制，具体包括明确保护范围、设立保护标志、制定保护规划等。最后，是建设性工程的开展，探索与村组织合作对聚落遗产进行保护、加强监测，如可在斋堂城城堡、渤海所堡、田仙峪堡、河防口城堡等长城关堡所在的村庄，增加村庄与农田中的警示性保护设施，设施的形式应与环境相协调。

2. 加强推介与示范，深耕长城脚下乡村文旅品牌

要依托长城关堡遗址等原始景点的优势，积极整合利用当地的文化旅游资源和农业产业资源，大力开展民俗旅游。各地文旅开发部门增强交流与学习互鉴，开发时要突出地方特色，避免低端重复。可以依托现有的长城旅游资源点，例如密云区古北水镇、延庆八达岭镇石峡村、怀柔渤海镇北沟村、昌平流村镇长峪城村等，继续打造"长城+民宿""长城+休闲农业""长城+红色研学"等诸多各具特点的乡村旅游线路和长城文旅节点示范区。

(二)"荒野型"策略——展现原生态长城历史文化景观

"荒野型"演化的军防聚落由于交通不便、难以监管等原因，在保护管理方面面临较大困难，但普遍保留着原生态的长城历史文化景观。在这些被荒废限制的聚落遗址资源中，有些确实不具备开放展示的条件，对待它们则以保护为首要任务，加强原址保护。而对于另一些具备开放展示条件的，则可以在保护的基础上，开展生态性地修复工作，并可以探索"文化绿道"形式的资源活化利用，具体策略包括以下3点。

1. 完善长城保护员制度，提升管理科技水平

首先要明确职责与责任，探索推行"乡镇干部包村、村干部包组、长城保护员包点段"的三级长城保护包抓责任制，全面推动长城遗址保护工作。其次利用卫星遥感、无人机、大数据等科技手段，提升巡察看护、安全监测、执法监察的覆盖面以及频率和效能，推进长城资源管理智能化。最后要提高长城保护员待遇，完善职业激励机制，每年对优秀保护员进行一定奖励，增强保护员的荣誉感和自豪感。

2. 开展生态修复，展现长城历史文化景观

第一，要明确生态修复目标，在生态修复过程中，注重保护长城的历史文化遗迹，确保文化景观的完整性和真实性。第二，可以通过加强与自然资源部门的联系，以长城国家文化公园为主线，开展国土综合整治和生态修复，如小长峪城所在区域。第三，对长城历史文化资源进行发掘和整理，通过资源普查、学术研讨和长城文旅活动等多样化的形式来塑造和展示长城的历史文化景观。

3. 探索构建长城文化绿道体系，规范游赏管理

首先要统筹绿道系统规划，在有条件的地区探索构建规范管理的长城文化绿道体系，如昌平的十三陵镇和密云古北口镇等区域。其次要合理规划绿道布局，根据长城沿线的自然环境、文化遗产分布和游客流量，合理规划绿道的线路和节点。最后要建设完善的慢行系统，包括步行道、自行车道等，满足不同游客的出行需求。配套游憩服务设施，如驿站、观景平台、公共厕所等，提升游客的游赏体验。

(三)"景区型"策略——建设"有温度"的长城开放景区

"景区"是一个近现代才出现的旅游管理概念。与前两类演化结果相比，"景区化"是现代一种独特的演化方式。北京有许多著名的长城景区，如八达岭、居庸关、慕田峪等，它们是北京乃至中国的重要旅游地标之一，在推动长城品牌传播、弘扬中华优秀传统文化、促进地方经济社会发展中发挥了独特的作用。然而，我们必须认识到，尽管景区型遗产，特别是那些采取封闭式管理的景区，在遗产保护管理和监测方面发挥了显著作用，但这样的管理方式也无形中削弱了聚落与社区之间原有的"乡土联系"。因此，在推进遗产的保护与利用过程中，我们不仅要完善景区游客管理等机制，更要注重在保护的前提下，适当加强景区与周边社区之间的文化互动和联系。这样，我们才能共同建设一个既具有深厚文化底蕴，又充满人文关怀的"有温度"的长城开放景区。

基于以上分析，针对"景区型"的长城遗产聚落我们可以采取以下优化措施：首先，我们可以广泛搜集和整理周边社区中那些与古老军防

聚落息息相关的历史故事，对于条件允许的，我们甚至可以在景区中设立专门的展示区域，以口述史的形式，让游客亲耳聆听这些充满历史韵味的故事。其次，为了更加生动地传播长城文化，我们可以积极鼓励并邀请周边社区的居民参与进来，成为景区的导游或讲解员。他们熟悉这片土地，了解这里的故事，他们的参与将让长城文化的传播更加鲜活和动人。最后，对于社区中那些活态传承的非遗等优秀传统文化，我们更应珍视和加以利用。结合各种特色节庆活动，我们可以在景区中设置专门的展示区域或环节，以恰当的方式向游客展示这些珍贵的文化遗产。这样不仅能让游客在游览长城的同时更深入地了解和体验中华民族的优秀传统文化，也能为这些传统文化的传承和发展注入新的活力。

辽墓壁画动物形象的发现与初步研究*

樊博雅**

【摘　要】人类在社会发展过程中与动物始终保持着极为密切的关系，动物在人们生活中扮演着极为重要的角色。古人遵循着"事死如事生"的观念习俗，因此墓葬在相当程度上反映了墓主人生前的社会地位、日常生活等。尤其是辽代的墓葬壁画，数量多、种类丰富，是辽代社会生活场景的生动再现，为辽代政治、经济、精神文化、民族习俗等方面的研究提供了重要而丰富的参考资料。本文选择辽墓壁画中出现的动物形象，结合史料和考古发掘材料进行系统分析，来探讨动物在辽人社会生活中扮演的重要角色和对民族融合进程的体现，以及墓葬壁画中动物形象所反映的区域性、时代性、阶级性等问题。

【关键词】辽代墓葬；壁画；动物形象

在社会历史发展的过程中，人与动物始终保持着极为密切的关系，动物作为重要的生产生活资料，参与了人们生活的各个方面。古人遵循着"事死如事生"的观念习俗，因此在墓葬中可以窥见在当时社会生活中的一隅。尤其是辽代的墓葬壁画，数量多、种类丰富，是辽代的社会生活场景的生动再现，为辽代政治、经济、精神文化、民族习俗等方面的研究提供了重要而丰富的参考资料。考古出土的辽墓壁画中，动物的形象频繁出现，本文整合了中国北方地区出土的辽墓壁画中的动物形象，并进行分区、分期，将辽墓壁画中的动物形象与史料记载相对比，结合实物资料与

---

　*　本文为北京联合大学项目"北京辽金元考古资料整理与研究"成果之一。
　**　樊博雅，北京联合大学应用文理学院文物与博物馆专业硕士研究生。

文献资料，从两方面共同阐述辽墓壁画中动物形象所反映的区域、时代等问题，论证动物在辽代社会生活中扮演的重要角色。

辽（907—1125 年）是中国北方少数民族契丹族为中心建立的王朝，与北宋、西夏并立，统治中国北方地区共 219 年。《辽史·卷三十七志第七·地理志一·上京道》中记载，"总京五，府六，州、军、城百五十有六，县二百有九，部族五十有二，属国六十。东至于海，西至金山，暨于流沙，北至胪朐河，南至白沟，幅员万里。"辽强盛时期疆域之广阔，同时包括草原与平原地带，并且涉及以原始渔猎为主要经济生活的地区。在这种客观条件下，辽代人的经济生活既包括契丹族既有的游牧经济，又包含农耕、渔猎等，不同民族、不同地区的生产活动和生活方式进行交融，形成辽代独有的特色，对中国民族融合与文化认同产生了深远的影响。

一、辽墓壁画的考古发现

在中国北方地区，内蒙古、辽宁、河北、山西四省区境内出土了许多辽代墓葬，例如内蒙古赤峰宝山辽壁画墓 1 号墓、内蒙古昭乌达盟敖汉旗北三家辽墓、内蒙古敖汉旗七家辽墓、朝阳市西三家辽墓、辽宁法库县叶茂台 23 号辽墓、河北蔚县东坡寨辽代壁画墓、河北省宣化下八里 1 号张世卿墓、山西大同南郊新添堡村辽代许从赟墓、山西大同东风里辽代壁画墓等，墓葬壁画中不乏动物形象。经整理之后发现，动物种类及其社会功能在不同的区域、时代也有相应的差异。

（一）辽墓壁画的分区与分期

王秋华在《辽代墓葬分区与分期的初探》中，根据墓葬形制、遗物、墓壁和棺壁的装饰几方面，将辽代墓葬的区域分为两区，分别是长城两侧及以北地区（以下称为契丹人聚集区）、燕云地区（以下称为汉人聚集区）。两地的墓葬有明显差别，反映了民族之间的差异与相互融合的过程。由于两地社会发展不平衡和人民生活习惯的不相同，古代遗存所反映的应该是以契丹族游牧生活和畜牧业为特点的文化和以汉族定居生活及农业生产为特点的文化。① 在分区的基础上，根据各地墓葬的演变情况进一步作分期。

（二）出土辽代墓葬壁画中动物形象概况

参考王秋华的分期方式，本文将契丹人聚集区的辽代墓葬分为三期：早期（951 年以前—983 年）；中期（983—1055 年）；晚期（1055—1125 年）。将汉人聚集区的辽代墓葬分为两期：早期（951 年以前—1055 年）；晚期（1055—1025 年）。本文选取内蒙古、辽宁、河北、山西四省区出土的，有比较清晰、典型动物形象的辽代墓葬共 38 座，不同区域、时代辽墓壁画的动物形象见表 1。

表 1 辽代墓葬壁画中动物形象概况

| 地区 | 时代 | 遗址名称 | 壁画中的动物形象 | | 数量（幅） |
			动物种类	壁画内容	
内蒙古	早期（951 年以前—983 年）	内蒙古赤峰宝山辽壁画墓1 号墓	马	鞍马图	1
				牵马图	1
		内蒙古赤峰宝山辽壁画墓2 号墓	犬	犬羊图	1
			羊		
		内蒙古敖汉旗康营子辽墓	禽类	烹饪图	1
	中期（983—1055 年）	辽陈国公主与驸马合葬墓	马	鞍马图	2
			鹤	祥云飞鹤	1
		内蒙古扎鲁特旗浩特花辽代壁画墓	牛	放牧图	1
			羊		
			鹰	墓门鹰犬图	1
			犬		
		巴林右旗岗根苏木床金沟5 号墓	马	鞍马图	1
			鹤	飞鹤图	1
		巴林左旗白音勿拉苏木白音罕山韩氏家族墓	马	鞍马图	1
			鹰	男仆擎鹰	1
		宁城县头道营子乡喇嘛洞村鸽子洞	骆驼	驼车图	1

① 王秋华. 辽代墓葬分区与分期的初探 [J]. 辽宁大学学报（哲学社会科学版），1982（3）：43-46.

续表

地区	时代	遗址名称	壁画中的动物形象		数量（幅）
			动物种类	壁画内容	
内蒙古	中期（983—1055年）	内蒙古昭乌达盟敖汉旗北三家辽墓 M1	雄鸡	天井东壁	1
			狮子		
			马	墓道壁画	1
		内蒙古昭乌达盟敖汉旗北三家辽墓 M3	骆驼	出行图	1
			犬		
			猫		
			马		
		辽庆陵	天鹅	春水图	1
			野鸭		
			大雁		
			鹿	驻夏图	1
			野猪		
			鹿	秋山图	1
			野猪		
			大雁		
			虎	坐冬图	1
	晚期（1055—1125年）	巴林左旗查干哈达苏木阿鲁召嘎查滴水壶辽墓	马	鞍马图	1
		前进村辽墓	鹤	穹窿顶壁画	1
			禽类	备饮图	1
		内蒙古敖汉旗七家辽墓	虎	猎虎图	1
			马	骑士图	1
				马球图	1
				出行图	1
		敖汉旗新惠镇韩家窝铺村4号墓 M2	马	驼车图	1
		敖汉旗新惠镇韩家窝铺村3号墓 M3	骆驼	鞍马图	1
		敖汉旗贝子府镇大哈巴齐拉村喇嘛沟	马	鞍马图	1
				出行图	1
			犬		
			鹰	仪卫图	1
		库伦旗奈林稿公社前勿力布格村1号墓	马	鞍马图	1
			骆驼	侍从和骆驼	1
			鹿	备车图	1

地区	时代	遗址名称	壁画中的动物形象		数量（幅）
			动物种类	壁画内容	
内蒙古	晚期（1055—1125年）	库伦旗奈林稿公社前勿力布格村2号墓	马	鞍马图	1
		库伦旗奈林稿公社前勿力布格村6号墓	鹰	侍从图	1
			犬	猎犬图	1
			马	鞍马图	1
			骆驼	牵驼图	1
				驼车图	1
				双驼图	1
		库伦旗奈林稿公社前勿力布格村7号墓	马	鞍马图	1
			骆驼	侍从和骆驼	1
			野猪	野猪图	1
			鸡	双鸡图	1
			八哥	八哥屏风	1
		赤峰皮匠沟1号墓	马	马球图	1
			海东青	—	1
辽宁	中期（983—1055年）	朝阳市西三家辽墓	龙	青龙图	1
			虎	白虎图	1
			生肖	男仆与生肖人物	1
		朝阳市林四家子辽墓M1	喜鹊	花鸟屏风	1
		阜新辽萧和墓	马（驼车）	出行图	1
			骆驼（驼车）		
	晚期（1055—1125年）	辽宁法库县叶茂台23号辽墓	喜鹊	喜鹊阴阳鱼图	1
			阴阳鱼		
河北	早期（951年以前—1055年）	河北蔚县东坡寨辽代壁画墓	飞燕	墓门上方装饰	1
		河北蔚县三关辽代家族墓地M3	大雁	花丛对鸟飞雁图	1
	晚期（1055—1125年）	河北省宣化下八里1号张世卿墓	马	出行图	1
			龙	墓门上方装饰	1
			凤	启门图	1
		河北省宣化下八里2区2号墓	马	出行图	1

续表

地区	时代	遗址名称	壁画中的动物形象		数量（幅）
			动物种类	壁画内容	
河北	晚期（1055—1125年）	河北省宣化下八里4号韩师训墓	骆驼（驼车）	出行图	1
			马		1
		河北省宣化下八里5号张世古墓	马	出行图	1
			仙鹤	花鸟屏风	1
		河北省宣化下八里7号张文藻墓	狗	童嬉图	1
				备茶图	1
山西	早期（951年以前—1055年）	山西大同市五法村辽墓	马	出行图	1
			羊	放牧图	1
		山西大同南郊新添堡村辽代许从赟墓	猫	侍奉图	1
	晚期（1055—1125年）	山西大同东风里辽代壁画墓	小型犬	起居图	1
			猫		
			牛	农耕土	1
			马	出行图	1
	纪年不明	山西省大同市铁路生活区辽墓	骆驼（驼车）	驼车图	1
			马	牵马图	1
		山西朔州市市政府工地辽墓	骆驼	驼车图	1
			马	鞍马图	1

从以上内容可知，马是契丹人聚集区和汉人聚集区辽墓中分布最多的动物形象，主要出现在鞍马、出行场景中，可见马作为当时人们交通工具的重要性，同时在契丹人聚集区中，也有骑射图等场景，体现了契丹人的民族特色。其次是骆驼，主要也作为牵引车辆的畜力出现，而在汉人聚集区，驼车到晚期才在壁画中出现。鹰是契丹人聚集区的辽墓壁画中特有的动物，不见于汉人聚集区的墓葬之中。契丹人使用海东青捕猎（鹰猎），在契丹人聚集区更是保留了更多游牧生活的习惯。而猎虎图、狮子图也是契丹人墓葬壁画中所特有，在动物种类上有明显的区域差异。

二、辽代墓葬中动物形象的初步发现

(一)契丹人聚集区的辽墓壁画动物形象

经过观察以上辽墓壁画中出现的动物形象，可看到早期的契丹人聚集区仍保留着大量带有契丹民族特色的元素，例如壁画中常表现契丹人牵马出行等体现游牧生活的场景。随着时代发展，契丹人逐渐接受了汉民族的文化，开始出现墓主人日常生活以及花鸟题材，动物元素也进一步丰富，例如出现了四神、生肖人物、阴阳鱼等。

辽宁省朝阳市西三家辽墓属于中期辽墓，墓主人是辽代的汉官，在契丹人聚集区内生活的汉人为辽地带去了汉族文化，推动了契丹族汉化的进程。例如，其墓葬壁画中出现的青龙、白虎"四神"形象（见图1、图2）。四神原本与五行相关，这种题材的图像首先是在中原汉族地区使用，隋唐时期影响到东北少数民族地区，才在契丹上层贵族中发展起来。[①] 朝阳市西三家辽墓壁画中，男仆与生肖人物则是同样体现了契丹人对汉文化的学习与认同（见图3）。汉文化进入契丹人聚集区，为辽地带来了新鲜的民族文化元素，丰富了契丹人的社会生活和墓葬壁画的艺术题材。

图1　朝阳市西三家辽墓《白虎图》[①]

---

① 邓茂，王晓磊，王爽，等. 朝阳市西三家辽墓发掘简报 [J]. 文物春秋，2010（1）：35-40.

图2　朝阳市西三家辽墓《青龙图》①

图3　朝阳市西三家辽墓　男仆与生肖人物①

　　道教是产生于中国本土的宗教，是汉民族文化的重要组成部分，阴阳鱼是道教的标志性图案。辽代晚期，辽宁法库县叶茂台23号辽墓壁画中对阴阳鱼图案的使用（见图4），体现契丹人对汉文化、道教的认同，汉化程

　　①　邓茂，王晓磊，王爽，等. 朝阳市西三家辽墓发掘简报［J］. 文物春秋，2010（1）：35-40.

度的进一步加深。

图 4　辽宁法库县叶茂台 23 号辽墓　鹦鹉、阴阳鱼①

自早期到中晚期，契丹人聚集区的墓葬壁画体现了契丹民族汉化程度不断加深的过程，动物形象包含越来越多带有汉民族文化特色的内容，代表着汉文化在契丹人生活中所占据的比重不断提升。澶渊之盟后，经过一段时间的发展，辽代社会安定，少于战事，发展生产成为其社会矛盾的主要方面。辽中晚期的墓葬壁画或多或少地反映了这种社会状态，墓葬壁画出现表现美好生活的题材，并逐渐流行。②

（二）汉人聚集区的辽墓壁画动物形象

早期的汉人聚集区辽墓壁画中多表现花鸟、侍奉等日常生活的场景，而动物多是燕子、大雁、马、羊、猫等体现农耕文明的种属。此区域世代居住汉人，在民族文化、生活习俗上与契丹族不同，长期过着定居、农耕为主的生活。例如河北蔚县东坡寨辽代壁画墓的墓门两侧绘制飞燕（见图5），河北蔚县三关辽代家族墓地 M3 的壁画上出现了大雁形象（见图6）。燕子与大雁是候鸟，壁画中出现这两种动物，侧面反映了此地的气候环境相对更加优越，动物种类更具多样性。

---

① 李龙彬，沈彤林. 辽宁法库县叶茂台 23 号辽墓发掘简报 [J]. 考古，2010（1）：49-68.
② 李春雷. 辽墓驼车题材壁画研究 [J]. 考古学集刊，2023（1）：190-206，243-244.

图 5　河北蔚县东坡寨辽代壁画墓　墓门两侧绘制飞燕①

图 6　河北蔚县三关辽代家族墓地 M3　大雁②

到了晚期，汉人聚集区的墓葬壁画中，在原有汉民族文化元素的基础上，出现了骆驼这一契丹人饲养并使用的动物。汉人主要的交通工具在之前主要是马，而在晚期壁画中出现了驼车，这说明生活习惯在民族间的影响并不是单向的，汉民族也在相当程度上受到契丹族的影响，不断改变着自己的生活方式。例如河北省宣化下八里 4 号韩师训墓壁画中的驼车（见

————————————

①　王彪，杨海勇，贾晓. 河北蔚县东坡寨辽代壁画墓发掘简报 [J]. 文物春秋，2019（1）：49-57.

②　岳改荣，高建强，任涛. 河北蔚县三关辽代家族墓地 M3 发掘简报 [J]. 文物，2021（10）：23-38.

图 7），汉人将骆驼也作为牵引车辆的交通工具，代表他们接受了契丹人的出行方式，两个民族间的文化进一步走向融合。

图 7　河北省宣化下八里 4 号韩师训墓《出行图》（局部）①

三、壁画中所见动物形象与辽人社会生活

（一）狩猎、游牧与农耕

据《辽史·食货志》中记载，契丹人"马逐水草，人仰湩酪，挽强射生，以给日用"。游牧民族擅长骑射狩猎，是契丹人骁勇善战的表现，辽代政权建立后，虽然融合了相当一部分农耕文化，农业生产在其经济生活中的占比越来越大，但骑射狩猎并没有因此消亡，而是成为契丹人带有休闲娱乐性质的习俗。以统治者为首的狩猎或渔猎活动并非生活方式的辅助补充，掺杂更多的是军事、休闲、娱乐的韵味，是皇家贵族生活的重要组成部分。狩猎是以统治者为首的契丹习俗的传承和延续。②

《辽史》写道："辽主秋冬畏寒，春夏避暑，随水草，就畋渔，岁以为常。四时各有行在之所，谓之捺钵。"建国以后，还保留着四时捺钵的习俗：春季至河上钓鱼、扑鹅，夏季赴吉地避暑、射猎，秋季入山射鹿及虎，冬季去沙地坐冬，校猎讲武。③ 虎是秋季捺钵的重要狩猎目标。内蒙

---

① 徐光冀. 中国出土壁画全集［M］. 北京：科学出版社，2011.

② 邵连杰. 辽代皇家鹰猎之海东青［J］. 赤峰学院学报（汉文哲学社会科学版），2014，35（1）：29-30.

③ 姜念思. 辽代体育述略［C］//辽宁省博物馆. 辽宁省博物馆学术论文集第四辑（1999—2008），2009：5.

古敖汉旗七家辽墓一号墓壁画的《猎虎图》（见图8）绘于墓室穹窿顶部，墓门上方边框内画一红色立虎，其余五个边框内各画一人乘一马，马四蹄腾空疾驰奔向老虎。[①]

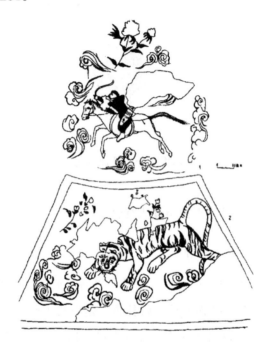

图8　内蒙古敖汉旗七家辽墓一号墓《猎虎图》[①]

　　海东青是北方狩猎民族的狩猎猛禽，也是难以捕捉的珍禽。因其在狩猎中的极速、勇猛尤其以擅长捕捉天鹅受到统治者的青睐，海东青精神成为游牧民族的精神图腾。[②] 内蒙古解放营子辽墓（见图9）、白音罕山韩匡嗣家族墓等契丹人聚集区中的墓葬壁画中都含有鹰猎的场景。同时，猎犬也是他们狩猎生活中必不可少的捕猎工具，例如内蒙古扎鲁特旗浩特花辽代壁画墓中的《鹰犬图》（见图10）所绘的鹰与猎犬各一对，在狩猎中鹰犬有着近乎同等重要的地位。

① 邵国田. 敖汉旗七家辽墓壁画分析 [J]. 内蒙古文物考古，1999（1）：46-66，104.
② 邵连杰. 辽代皇家鹰猎之海东青 [J]. 赤峰学院学报（汉文哲学社会科学版），2014，35（1）：29-30.

图9　内蒙古解放营子辽墓《臂鹰图》[①]

图10　内蒙古扎鲁特旗浩特花辽代壁画墓《鹰犬图》[②]

　　游牧与狩猎的壁画是辽代草原生活的生动写照，客观真实地反映了契丹族"行营到处即是家，一卓育庐数乘车；千里山川无土著，四时贩猎是

①　项春松. 辽宁昭乌达地区发现的辽墓绘画资料 [J]. 文物, 1979 (6)：22-32.
②　董新林，塔拉. 内蒙古扎鲁特旗浩特花辽代壁画墓 [J]. 考古, 2003 (1)：3-14.

生涯"的生产生活方式。① 虽然出土的辽墓壁画中，描写契丹人游牧生活场景的并不多，但是内蒙古扎鲁特旗浩特花辽代壁画墓中《放牧图》包含马、牛、羊以及骆驼群，蕴含着浓厚的草原气息，是典型的契丹族风格壁画，反映出辽代畜牧业的蓬勃景象。

在汉人聚集区内，农耕始终占经济生活的主要部分，同样是牛这种动物，在汉人聚集区就更多是作为耕种的畜力工具了，在山西大同东风里辽代壁画墓西壁《农耕图》表现了牛拉耧车进行耕作的过程。这表明在不同文化背景下，对同一种动物的利用方式也有着区域性的差异。

（二）饮食文化

辽代的皇室在每年春天的"捺钵"中有"头鹅宴"的庆祝方式，场面十分盛大："庚午获鸭，甲申获鹅，皆饮达旦。""皇帝得头鹅，荐庙，群臣各献酒果，举乐。更相酬酢，致贺语，皆插鹅毛于首以为乐。赐从人酒，遍散其毛。弋猎网钩，春尽乃还。"内蒙古敖汉旗康营子辽墓《侍奉图》中（见图11），右侧锅中有类似于鸭鹅等的禽类，推测为当时烹煮的食物，和史料描述的相互印证。前进村辽墓《备食图》也体现了辽人对禽类的食用情况。

图 11　内蒙古敖汉旗康营子辽墓《侍奉图》②

① 邵国田. 赤峰辽墓壁画综述 [J]. 华西语文学刊，2013（1）：182-209，261.
② 项春松. 辽宁昭乌达地区发现的辽墓绘画资料 [J]. 文物，1979（6）：22-32.

无论是在契丹人聚集区还是汉人聚集区，羊都作为主要的食物出现。辽代契丹人牧养的牲畜，以马为最多，其次是羊。① 羊是契丹人主要的肉食产品，苏辙在《奉使契丹二十八首·渡桑乾》中所写"羊脩乳粥差便人，风隧沙场不宜客"，前文中提到的内蒙古扎鲁特旗浩特花辽代壁画墓《放牧图》与之相对应，羊在契丹人的食谱中是必不可少的肉食产品。同样的，如山西大同市五法村辽墓《放牧图》，表现了在辽代汉人生活中，也常常有羊的身影。

（三）交通出行

辽代畜牧业的发展，首先为自己提供了充足的畜力交通工具。驼车题材的壁画常在墓葬中出现，作为一种交通工具，在契丹人的出行中扮演着重要角色。而骆驼并不是契丹地区原产的动物。随着诸帝的南征北战，辽国控制了欧亚草原东部的大部地区。在此过程中，不仅掠夺了大量物产，也控制了阻卜、党项等部族，辽国始有骆驼。② 骆驼习性耐干渴、饥饿及炎热，对食物要求不高，便于饲养和长途跋涉。契丹人将骆驼的畜力用于牵引车辆。辽代契丹人有庞大的使团和商队经常度碛越岭，远赴中亚常和波斯等国通商结好，骆驼是他们行程中不可缺少的旅伴。③ 阜新辽萧和墓中北壁有《契丹人出行图》，以及山西大同东风里辽代壁画墓的《出行图》绘制驼车，印证了这一说法。

马是辽人另一种重要的交通工具，特别是契丹马，契丹人启足便是马背，正如史料中记载"转徙随时，车马为家"。④ 契丹人聚集区内的辽墓壁画中，如内蒙古赤峰宝山辽壁画墓 1 号墓的《牵马图》、辽陈国公主驸马合葬墓的《侍从牵马图》、敖汉旗北三家 1 号墓的《鞍马图》；燕云地区壁画中，如山西省大同市五法村辽墓的《车马出行图》、山西大同东风里辽代壁画墓《出行图》，代表着在契丹人的生活中，马始终为必不可少的交通工具，这也是辽代不同民族聚集区域之间的共性。

---

① 张国庆. 辽代契丹畜牧业述论 [J]. 中国农史，1993（3）：33-39.
② 李春雷. 辽墓驼车题材壁画研究 [J]. 考古学集刊，2023（1）：190-206，243-244.
③ 张国庆. 辽代契丹人的交通工具考述 [J]. 北方文物，1991（1）：60-65.
④ 脱脱，等. 辽史 [M]. 北京：中华书局，2005：373.

（四）娱乐生活

家犬作为人类最早驯化的动物，自距今约 1.4 万年以来就参与了人们的生活，新石器时代裴李岗文化中就出土了狗的骨骼，商周时期将其作为祭祀牺牲，汉代已经用犬作为捕猎工具协助狩猎活动，唐代的贵族生活中饲养宠物狗，犬的地位被提高。发展至辽代，人们不但将狗作为捕猎工具，还作为宠物饲养，狗在人们生活中更具有娱乐、陪伴性质。内蒙古赤峰宝山辽壁画墓《犬羊图》绘制的则是狗把守墓门，是墓主人饲养的带有警戒性质的宠物，体现狗对主人的忠诚。辽王朝是契丹族建立的，他们对狗有着天然的热爱，契丹人将狗的这种警戒防御绘于墓内既是"事死如生"的丧葬习俗反映，又平添了些许生活情趣。[①] 在汉人聚集区，山西大同东风里辽代壁画墓中出现了白地黑花的小型犬，这类狗体型小、外表可爱且性情温顺，作为宠物陪伴主人，起到娱乐作用，进一步丰富了人们的精神生活。

自古以来猫都是人类热衷于饲养的宠物种类之一。新石器时代就开始发展的农业，大大改善了人类的生活条件，耕种技术的改进使得农作物产量不断提升，人们开始建立仓储存放粮食，大量聚集的粮食也让啮齿类动物被吸引，粮仓容易遭到破坏，而后人们开始驯服、饲养猫来捕捉鼠类，以保护粮食安全。随着时代发展，猫作为一种宠物，也开始带有陪伴娱乐的性质。内蒙古昭乌达盟敖汉旗北三家辽墓的《出行图》中就有了猫的身影，家养猫是一种需要相对固定场所的动物，饲养猫也意味着契丹人开始认同并践行相对定居的生活方式，也代表汉化程度的加深。

（五）辽代贵族生活

除了辽代皇室贵族每年的捺钵，马球也是极受欢迎的活动。这是一项在唐代就极受欢迎的体育活动，唐章怀太子李贤墓中《打马球图》描绘了当时上层贵族打马球的场景。辽以鞍马为家，有发展马球运动的良好条件，所以马球运动从中原传到辽境以后就迅速地发展起来。[②] 敖汉七家辽

---

① 郭凤. 盐裹聘狸奴　猧子綵丝牵：辽金墓葬壁画中的猫与狗 [J]. 文物天地，2020（9）：23-27.

② 姜念思. 辽代体育述略 [C] //辽宁省博物馆. 辽宁省博物馆学术论文集第四辑（1999—2008），2009：5.

墓《马球图》表现辽代继承唐制，成为王室贵族、高官等为首的上流社会的体育活动，史料记载穆宗、圣宗、兴宗等皇帝都有这样的喜好。

结合史料记载与辽墓壁画中绘制的场景，可看到辽代上层社会丰富多彩的生活，狩猎、马球等活动题材的壁画多见于辽代王公贵族及高官的墓葬中，充分体现了参与这类活动的人群基本上都是属于有相当社会地位的阶层。也可看到辽代虽然是中国北方少数民族建立的政权，但也继承了唐代中原地区流行的马球活动，这表明契丹民族充分发挥了自身的文化优势，融合了其他地区民族的文化习俗，进一步丰富着自身的社会生活。

四、结语

通过对辽代壁画中动物形象的系统整合与分析，可以看到辽墓壁画中动物形象的区域差异，体现了不同民族聚集区习俗观念的差异，契丹人作为游牧民族，长期保持着狩猎和放牧的习惯，其墓葬壁画中也常有狩猎、放牧的场景，除了常有的马，也包含鹰、狮、虎等特有的动物，这些动物基本不见于汉人聚集区的墓葬壁画中。与契丹人有所不同，汉人则是过着农耕、定居的生活。从动物种类的差异也可以看出，契丹人聚集区纬度较高，有些地方气候严酷，环境更加适宜狩猎放牧而非农业耕作；汉人聚集区的生态环境更优越，为物种多样性提供了存在的必要条件。捺钵、狩猎、打马球等题材见于辽代王公贵族墓葬之中，而不见于平民墓葬，表明这类动物及其参与的活动为辽代上流阶层所特有。

纵观早期到中、晚期，这一时期对于契丹人来说是汉化程度不断加深的过程，契丹人不断增进对汉民族文化以及汉人生活方式的认同，将其运用到自己的生活中，同时本民族的文化特色和传统也得到了继承和发展。对汉人来说，民族交流带来了不同的文化、习俗等，为长期以来的农耕文明带来了新鲜的文化元素，反向促进了汉民族文化的发展与传承。直到晚期，辽墓壁画上动物形象所反映的不同民族聚集区之间文化逐渐趋同，是民族融合的见证。

辽朝作为统一的多民族政权，在长期与汉民族共存的过程中，交流互鉴、彼此影响。汉民族文化在民族融合中起到了关键性作用，但这并不是单向的文化输出，而是双向的交流与融合。汉人参与辽代各阶层的政治、经济文化生活，起到了重要作用，推动了契丹人吸纳汉文化精髓的进程，与此同时，"蕃汉分治"的政策也让两个民族保留了各自的文化特征，以传承后世。双方并没有全部照搬对方的生活方式，而是因地制宜、因时制宜，选择有益于发展的部分。契丹人在保持畜牧业稳定发展的同时，接受并学习农业耕种；汉人在接受契丹人出行、饮食方式的同时，继续传承发展着长期以来的农耕文明。

总的来说，辽墓壁画中的动物形象具有区域性、时代性、阶级性等特点，是反映辽代社会生活的一个侧面。辽墓壁画的动物形象种类不断丰富、场景逐渐多元化，不同民族聚集区之间共有的动物越来越多，生活方式逐渐趋同，正是体现了当时社会稳定、民族间多元一体的发展状况，对后世北方少数民族政权的发展产生了深远影响。随着动物考古学和传统考古学的发展精进，配合出土动物骨骼鉴定与检测，对辽代墓葬壁画中的动物形象可有更进一步的研究，为还原当时社会生活提供更多的实物资料。

参考文献

[1] 脱脱，等. 辽史 [M]. 北京：中华书局，2005.

[2] 冯恩学. 辽墓反映的契丹人汉化与汉人契丹化 [J]. 吉林大学社会科学学报，2011，51（3）：68-73，160.

[3] 孙俊峰. 试析辽代墓葬壁画中表现的汉化与契丹化并行现象 [D]. 呼和浩特：内蒙古大学，2017.

[4] 乌力吉. 辽代墓葬艺术中的捺钵文化研究 [D]. 北京：中央美术学院，2006.

[5] 崔乐泉. 考古发现与唐宋时期的体育活动 [J]. 考古，2008（7）：70-84.

[6] 王鹏瑞. 辽庆陵四季山水壁画及其美术史意义 [J]. 美术，2006（9）：122-123.

[7] 王兴成，蔡大伟. 家犬起源与驯化的古 DNA 研究进展 [J]. 边疆考古研究，2023（2）：299-317.

[8] 王博. 辽代契丹狩猎文化研究 [D]. 呼和浩特：内蒙古大学，2012.

[9] 张鹏. 辽代契丹体育活动研究 [D]. 西安：西北大学，2017.

[10] 曹彦生. 十二生肖历的起源及在北方游牧民族间的传承 [J]. 内蒙古社会科学：文史哲版，1995（4）：55-59.

[11] 孙建华，张郁. 辽陈国公主驸马合葬墓发掘简报 [J]. 文物，1987（11）：4-24，97-106.

[12] 齐晓光，盖志勇，丛艳双. 内蒙古赤峰宝山辽壁画墓发掘简报 [J]. 文物，1998（1）：1，73-95，97-103.

[13] 塔拉，马凤磊，张亚强，等. 白音罕山辽代韩氏家族墓地发掘报告 [J]. 内蒙古文物考古，2002（2）：19-42.

[14] 董新林，塔拉. 内蒙古扎鲁特旗浩特花辽代壁画墓 [J]. 考古，2003（1）：1，3-14，97-101.

[15] 万雄飞，郭天刚，海勇. 阜新辽萧和墓发掘简报 [J]. 文物，2005（1）：33-50.

[16] 王银田，解廷琦，周雪松. 山西大同市辽墓的发掘 [J]. 考古，2007（8）：34-44.

[17] 李龙彬，沈彤林. 辽宁法库县叶茂台 23 号辽墓发掘简报 [J]. 考古，2010（1）：49-68，107-113.

[18] 王彪，杨海勇，贾晓. 河北蔚县东坡寨辽代壁画墓发掘简报 [J]. 文物春秋，2019（1）：2，49-57，81.

[19] 岳改荣，高建强，任涛. 河北蔚县三关辽代家族墓地 M3 发掘简报 [J]. 文物，2021（10）：1，23-38.

[20] 项春松. 辽宁昭乌达地区发现的辽墓绘画资料 [J]. 文物，1979，（6）：22-32，100-101.

[21] 徐光冀. 中国出土壁画全集 [M]. 北京：科学出版社，2011.

金中都佛寺分布考析及其都城建设背景[*]

张 雯 燕慧慧^{**}

【摘 要】辽金时期是北京地区佛教发展的重要时期，也是北京历史上修建佛寺的高潮期。金中都是金朝的政治、经济及文化中心，是我国北方地区佛教发展、传播和译经的要地。佛教寺院是金中都的重要组成部分，集中体现了这一时期佛教文化的发展和城市繁荣的面貌。本文通过梳理与分析历史文献和石刻碑文，结合考古遗址材料，讨论金中都佛寺分布、佛寺建设与都城建设背景之间的关系等问题。

【关键词】金中都；佛寺分布；城市布局

金中都是金代的政治中心，也是佛教文化中心，金代统治者吸取前朝教训，对佛教采取限制和并用的政策，将佛寺的修建始终处于国家控制之下，但随着政治格局不断稳定和统治需要，佛教在金代的地位得到了重新提升。到金世宗、章宗时期，佛教发展到鼎盛阶段，各宗派林立，佛寺大

———————————

* 本文为中共北京市丰台区委宣传部课题"金中都历史文化内涵挖掘"研究成果之一。

** 张雯，北京联合大学应用文科综合实验教学中心、文化遗产传承应用虚拟仿真实验教学中心副主任。燕慧慧，北京联合大学应用文理学院文物与博物馆专业硕士，中国共产主义青年团天水市麦积区委员会学少部部长。

量兴修。《元一统志》记载："都城之内，招提兰若如棋布星列，无虑数百，其大者三十有六焉。"①《松漠记闻》称"燕京兰若相望，大者三十有六，然皆律院"②。

一、金中都佛寺的发现

（一）佛寺的兴建

金中都佛寺来源可分为两大类：一类是金朝统治期间所修建；另一类是延续隋唐幽州城和辽南京城的佛寺，金人对其进行扩建或改建。这类寺院虽不是金朝所创建，但在佛教盛行的金朝，这类佛寺在城市的发展规划和社会的宗教活动中占据着重要的位置，是金中都佛寺的重要组成部分。

在金中都佛寺考证方面，何孝荣在《明代北京佛教寺院修建研究（上）》③一书中对金朝佛教的寺院修建进行考证，依据古籍文献记载考证出57座佛寺，但多数已经不存在。尤李在《辽南京、金中都佛寺补正》④一文中依据文献和石刻材料，新考出辽南京佛寺30座、金中都佛寺25座。此外，黄春和在《隋唐幽州城区佛寺考》⑤一文中指出幽州城是佛教传播和发展的重心，并对唐幽州城中17座佛寺进行考证，其中多数寺庙在辽金时期重修得到延续。

（二）佛寺的考古发现

金中都佛寺的地面遗迹现已无存，在佛寺遗址发掘方面，迄今为止，系统的佛寺考古发掘仅有2次。首先是对银山塔林寺庙区遗址的清理。20世纪80年代，北京市文物工作队对昌平银山塔林进行了较为详细的考察，发表《北京昌平银山宝塔群调查》⑥一文；90年代末北京古建所对寺庙区

---

① 孛兰肹，等. 元一统志 [M]. 赵万里，校辑. 北京：中华书局，1966.
② 洪皓. 松漠纪闻 [M]. 吴管，校. 影印版，1933.
③ 何孝荣. 明代北京佛教寺院修建研究：上 [M]. 天津：南开大学出版社，2007.
④ 尤李. 辽南京、金中都佛寺补正 [J]. 佛学研究，2018（1）：239-251.
⑤ 黄春和. 隋唐幽州城区佛寺考 [J]. 世界宗教研究，1996（4）：16-23.
⑥ 于杰，等. 北京昌平银山宝塔群调查 [M] //文物编辑委员会. 文物资料丛刊：第四辑. 北京：文物出版社，1981.

遗址进行清理，在《银山塔林寺庙区遗址清理调查报告》[①] 一文中表明寺庙的建筑布局符合中国传统建筑的营造法式。

其次是对香山寺的考古发掘。2019 年北京文物研究所孙勐等发表《静宜园香山寺遗址考古发掘简报》[②] 一文，次年孙勐发表《静宜园香山寺遗址的考古发掘与初步认识》[③] 一文。其他金中都寺庙遗址并未有系统的考古发掘和清理，多收录于《北京辽金史迹图志》[④]、《中国文物地图集：北京分册：下》[⑤] 和《北京考古史·金代卷》[⑥] 等书中，为研究金中都佛寺遗址提供基础材料。

二、金中都佛寺的分布

（一）辽南京和金中都城内佛寺的分布

根据已有的文献和碑刻记载辽南京可考佛寺82座，有建造时间记载的寺庙 31 座，辽以前寺庙延续 12 座，辽本朝建造 25 座，有位置记载的 32 座，其中城内 22 座，有明确坊记载 16 座，城外 10 座。金中都佛寺可考的共有 87 座，其中辽南京及唐幽州佛寺延续有 31 座，金本朝建造有 18 座，有位置记载的有 52 座，其中有明确坊记载 33 座，城外 16 座。

通过搜集梳理大量文献资料，对有位置记载的佛寺进行统计可得到表 1 和表 2。表 1 是辽南京城内佛寺的数量和分布情况，根据相关资料可知，佛寺在城内的分布极不均匀，城内西北处分布较为分散，主要集中在通玄门大街两侧，共 10 处，超过其他区域佛寺数量之和，且分布极为分散；东部偏中处分布较为密集，主要集中在清晋门—安东门与开阳门—拱辰门大街的交叉处，共 6 处。

① 梁玉贵. 银山塔林寺庙区遗址清理调查报告 [J]. 北京文博，1999（2）：18-23.

② 孙勐，刘小贺，王宇新. 静宜园香山寺遗址考古发掘简报 [M] //北京市文物局. 北京文博文丛. 北京：燕山出版社，2019.

③ 孙勐. 静宜园香山寺遗址的考古发掘与初步认识 [M] //张宝秀. 三山五园研究（第一辑）. 北京：九州出版社，2020.

④ 北京市文物局. 北京辽金史迹图志 [M]. 北京：燕山出版社，2003.

⑤ 国家文物局. 中国文物地图集：北京分册：下 [M]. 北京：科学出版社，2008.

⑥ 丁利娜. 北京考古史：金代卷 [M]. 上海：上海古籍出版社，2012.

金中都城内佛寺数量及分布情况如表2所示。从表格中的数据和相关资料可知，金中都城内佛寺分布也不均匀，佛寺布局和数量在辽南京的基础上有所增加，佛寺主要在城北部，集中分布在通玄门内大街两侧的坊和施仁门—彰义门和宜耀门—颢华门与崇门—景风门之间的区域，同时，有佛寺的里坊中，大多数只有一座佛寺，多者可达4座。

结合上文分析可知，辽南京城内的佛寺分布基本奠定了金中都城内佛寺分布格局，与辽南京相比，金中都佛寺的数量更多，在辽南京佛寺分布的基础上向外扩散，分布也更加集中，其中有多座佛寺位于原唐幽州及辽南京城垣范围内，仅有8座位于金中都城扩建部分，见表1和表2。这表明金代统治者虽然在金中都城内修建了部分佛寺，但城内的主要佛寺仍是延续自唐、辽时期旧寺。

表1　辽南京佛寺在各坊中的数量

坊名	佛寺数量（座）
敬客坊	1
仙露坊	3
归厚坊	2
时和坊	2
铜马坊	2
棠荫坊	1
甘泉坊	2
奉先坊	2
显忠坊	1

表2　金中都佛寺在各坊中的数量

坊名	佛寺数量（座）	坊名	佛寺数量（座）
棠荫坊	1	时和坊	1
南永平坊	1	仙露坊	4
北永平坊	1	金台坊	1
归厚坊	3	嘉会坊	1
显忠坊	1	春台坊	1
衣锦坊	1	东开阳坊	2
延庆坊	1	西开阳坊	4
西甘泉坊	1	广阳坊	1
敬客坊	1	富义坊	1
北开远坊	3	美俗坊	1
康乐坊	1	铜马坊	1

（二）金中都佛寺分布与城市规划的关系

辽金300年间的大部分里坊都建立了大小佛寺，随着佛寺的建立、更换、改建或废弃，各里坊和城内佛寺的数量和分布也不断变化。

首先，与辽南京相比，金中都城内佛寺数量有所增加，从文献记录看，其中多为唐、辽时代旧有佛寺的延续，新建的佛寺并不多，可能与统治者对佛教没有唐、辽时期热情有关。佛寺的总量并未有统一规定，部分佛寺延续辽的建制和位置，部分佛寺则是由官僚贵族们的宅邸改建而来，所以，就部分佛寺来说，其位置依宅邸而定，分布相对随意。

其次，金中都佛寺在分布上呈现出簇群状的分布特点，一坊之内多座佛寺和坊内无寺的情况同时存在。从表2可以看出部分里坊未修建佛寺，这些无佛寺的里坊大多分布在城南部的若干坊。佛寺在各坊分布上也不统一，有的坊只有1寺或无寺，而有的坊多至4处。有4座佛寺的坊：西开阳坊（天寿寺、毗卢寺、观音寺和昭庆寺）、仙露坊（仙露寺、胜严寺、下生寺、弥陀寺）；有3座佛寺的坊：归厚坊（仰山寺、荐福寺、法云寺）、北开远坊（紫金寺、善果寺、延福寺）；有2座佛寺的坊：东开阳坊（龙泉寺、大觉寺）。由于佛寺较多的里坊几乎相邻，如衣锦坊、延庆坊、归厚坊和显忠坊等两两相邻，敬客坊、康乐坊和铜马坊相邻，因此形成了佛寺簇群状的现象。

纵观全城，佛寺分布北城多，南城较少，东部偏多，西部较稀疏。其原因与城市内市场、民居区、官署区等都有着密切的关系。如佛寺集中分布的通玄门内大街两侧里坊、施仁门—彰义门大街、宜耀门—颢华门大街与崇门—景风门大街围合的区域就是金中都城内重要的交通要道。这一带里坊集中，商业发达，居民众多，活动频繁，是城中最繁华的地区，寺院建在市场和居民的集中区，便于居民开展宗教祭祀活动。

金中都城外也修建了众多佛寺，城外有位置记载的佛寺共12座。其中以西山分布最为集中，如西山昊天寺、大永安寺、佛严寺等。西山昊天寺由金长公主修建于金大定年间，佛寺往西约15千米处是仰山栖隐寺，形成金中都城外西山一带佛寺群，促进了城外佛教文化的发展。

三、金中都佛寺分布及其都城建设背景

佛寺是金中都的重要组成部分。金中都作为金代都城之一，城内佛教寺院众多，从城市布局和城市发展的角度看，必然有着发展佛教和兴建佛寺的诱因。金中都是在辽南京的基础上修改扩建而成，辽南京是辽的陪都，金迁都后，仿照宋汴京城的规格在辽南京城的基础上在东、西、南三个方向往外扩展。辽金宫城形成了由南向北移动的过程。宫城是金中都的政治中心，宫城附近的里坊主要有南永平坊、永乐坊、广阳坊和西开阳坊等，宫城周围是行政官署机构和贵族官僚的主要居住地区，由于达官显贵大多崇信佛教，就形成宫城周边里坊佛寺林立的景观。因此宫城位置的移动一定程度上影响了佛寺的分布。

里坊制度是对古代城市的营建、布局规划和居民居住等进行系统管理的制度，有利于维护城市治安和网格管理。都城的扩建使金中都内坊的数量大大增加，原辽南京城北的里坊得到保存，而里坊的墙被临街的房屋所替代。坊和主干大道上有"巷"的设立，"街"已不再局限于坊间或者坊内，中都城内的坊界有的已经消失。里坊名称范围甚至内部布局的变化也使得佛寺布局有所变化。

与辽代对佛教的大肆推崇不同，金代统治者控制佛寺的修建和僧侣规模，尽管如此，金中都城内外还是修建或重修了不少佛寺。

金中都城内多数重要佛寺在延续前朝的基础上继续扩大，如悯忠寺、大昊天寺、天王寺、大延寿寺、竹林寺等。金代统治者也主持修建了大量佛寺，延圣寺为金代修建的第一座皇家佛寺，佛寺于大定六年（1166）落成，次年改寺额为大圣安寺。圣安寺与悯忠寺相距不远，因其属皇家寺院而受到推崇，悯忠寺位于辽南京佛寺集中区域，大延寿寺位于铜马坊，金代圣安寺的修建，进一步促使周围形成新的佛寺群。金大定年间更是金中都修建佛寺的高潮期，除延圣寺外，城内的庆寿寺、城外西山的昊天寺、栖隐寺、永安寺等皇家佛寺林立，民间修建的佛寺数量更多，如资福寺、永庆寺、福圣寺等，此外还重修、扩建前朝佛寺，如奉福寺等。众多佛寺的修建，成为金中都僧侣和民众开展佛教活动的重要场所，同时，金代较前朝轻佛这一历史事实也客观上减少了金中都作为北方地区佛教重镇的分量，到元代随着藏传佛教的发展，元大都陆续兴修了大型寺院，明清两代又在元代的基础上继续修建，形成北京地区佛寺分布格局，虽元明清三朝也有若干新建佛寺，但分布格局是在金中都时期形成基础的。

佛寺兴建与修缮是背后人力物力财力的支援，也是社会政治、经济、文化的反映。从皇家崇佛到民间供养，社会各阶层因崇信佛教而在主观和客观上促进了城市格局和资源力量的重组。金中都佛寺的分布受到了金中都城内布局的影响和制约；金中都佛寺分布特征的形成是在金中都城市布局的作用下形成的。佛寺在金中都城内的广泛分布，为辽金元时期中国佛教的发展起到了推动作用。反之，金中都城内佛寺的广布又对金中都城内的文化空间进行了改造和拓宽，二者相互影响。

四、结语

金中都是北京建都史的开端，从此北京在我国古代都城发展史上占有重要地位，金中都城内佛寺的分布形成不是历史的偶然，而是在城市布局作用下形成的必然结果。佛寺在金中都城内的广泛分布，为金元时期北方佛教的发展起到了推动作用。同时，金中都城内佛寺林立又对金元时期金中都城市发展的各个方面起到了重要的反馈作用，拓展了金中都的社会文化空间。金中都的佛寺在北京佛教的发展以及宗教文化交流中发挥了重要的作用，各色佛教宗派名僧弘扬佛法，对金以后北京佛教的发展具有深远意义。

金中都遗址出土瓷器产地的科技分析*

陈天然　吕竑树**

【摘　要】采用 X 射线荧光光谱（ED-XRF）等方法对金中都光源里遗址出土的陶瓷类文物进行分析。结果显示，金中都遗址发掘出土的青釉瓷，主要为河南窑口产品。遗址出土钧釉瓷产品，数据更多指向贾壁窑、鹤壁集窑、闵庄窑和东沟窑等。遗址出土细白瓷产品大部分来自定窑。

【关键词】金中都；光源里；陶瓷；PXRF；产地研究

2023 年是金中都建都暨北京建都 870 周年。金中都作为金朝都城始于贞元元年（1153 年），金帝完颜亮从黑龙江金上京迁都至燕京（今北京），改称中都。至金宣宗贞祐二年（1214 年），在蒙古军攻打之下，金朝都城又从金中都迁至河南开封的汴京城。金中都作为金朝都城历时 62 年，开创了金朝飞速发展的新阶段，是金朝最重要也是政治、经济、文化发展最鼎盛时期的都城。同时，金中都拉开了北京作为一国之都的新篇章，确立了北京在我国古代都城发展史上的重要地位。①

＊　本文为中共北京市丰台区委宣传部课题"金中都历史文化内涵挖掘"研究成果之一。
＊＊　陈天然，北京联合大学应用文理学院历史文博系讲师。吕竑树，浙江省文物考古研究所研究员。

① 北京市考古研究院. 北京金中都城墙遗址 2019—2020 年发掘简报 [J]. 北方文物，2023（6）：59-75.

一、遗址概况

金中都遗址位于现北京市西南部，主要区域横跨西城区和丰台区，外城周长18.69千米，基本呈方形，面积约25平方千米。光源里遗址位于西城区右安门内大街和半步桥胡同之间，北邻白纸坊东街，南至宏建南里南边界。2019年以来，为配合光源里棚户区改造项目工程建设，北京市考古研究院对光源里遗址持续开展考古工作，迄今为止发掘面积达17000平方米，揭露出建筑基址、河道、道路、水井、灶和灰坑等大量遗迹现象。①

2020年6月，为配合"北京市西城区光源里棚户区改造项目C4地块"基建工程，受北京市文物局委托，北京市文物研究所负责对该地块进行考古勘探发掘。此次考古发掘清理遗址种类有灰坑、灰沟、井、墩、灶、路、墓葬。遗址年代包括汉、北朝至隋唐、辽、金、元、明清等时期，延续时间较长。遗物主要出土于灰坑之中，出土大量的白瓷、青釉瓷、钧瓷、泥质灰陶、青灰色砖瓦残块。配合考古发掘工作，北京联合大学历史文博系对该遗址出土的部分陶瓷器采用实验室分析的手段进行测试，以期对该遗址出土陶瓷器的产地等相关问题有更清晰的认识。

二、样品与分析方法

本次所分析的样品主要为该遗址出土青瓷和白瓷，分析样品超过500件。

分析数据库来自北京大学考古文博学院，包括越窑、龙泉窑、南宋老虎洞官窑、张公巷窑、宝丰清凉寺窑、临汝窑、东沟窑、耀州窑、鹤壁集窑、贾壁窑、闵庄窑、定窑、龙泉务窑、河津窑、介休窑、缸瓦窑、江官屯窑等20余个相关窑口。

测试仪器使用北京大学考古文博学院的便携式X射线荧光光谱仪（P-XRF），型号是BRUKER Tracer 5i型，选择Mudrock Trace模式标准曲线，电压40kV，电流40μA，空气模式下测量测试时间为50s。样品全部为无损

---

① 王继红、李永强. 西城区光源里金中都遗址2022年发掘收获［M］//北京市考古研究院. 北京重要考古发现2021—2022. 北京：文物出版社，2023：83-91.

分析。

便携式 XRF 是一种无损检测设备，具有体积小、重量轻、分析速度快的特点，符合考古现场检测中原位、无损的需求。金中都光源里遗址出土瓷器样品数量大，非常适合使用这种方法进行大数据量分析。在对古陶瓷的产地分析中往往使用瓷器胎的数据。前人研究尝试使用便携式 XRF 采集釉的数据对瓷器的产地进行分析，先后分析了肯尼亚耶稣堡出土的克拉克瓷[①]、柬埔寨茶胶寺遗址[②]、吉林塔虎城遗址[③]、陕西蓝田吕氏家族墓等地出土瓷器[④]以及南海 I 号沉船出水瓷器[⑤]，取得了出色的成果，并积累了大量数据以及相关经验，本文便是基于该实验室数据库对金中都遗址出土瓷器进行产地判别。

通过考古类型学对分析样品进行初步分类，再通过数据统计方法，对污染数据进行排查，最终得到有效数据。

三、金中都出土青瓷分析

金中都遗址出土青瓷大体可以分为三类：青釉瓷、钧釉瓷、钧青釉未知型瓷。[⑥] 对该遗址出土青瓷的 Ti、Mn、Rb、Sr、Y、Zr、Ba、Pb 等微量元素成分进行主成分分析，主成分分析表达式如下：

---

① 崔剑锋，徐华烽，秦大树，等. 肯尼亚蒙巴萨耶稣堡出土克拉克瓷的便携式 XRF 产地研究［M］//国家文物局水下文化遗产保护中心. 水下考古学研究：第 2 卷. 北京：科学出版社，2016：138–149.

② 崔剑锋，王元林，余建立. 茶胶寺出土陶瓷器与土壤样品科技检测［M］//中国文化遗产研究院，中国政府援助吴哥古迹保护工作队，柬埔寨吴哥古迹保护与发展管理局，等. 柬埔寨吴哥古迹茶胶寺考古报告. 北京：文物出版社，2015：395–406.

③ 崔剑锋，彭善国. 塔虎城遗址出土部分瓷器的成分分析与产地推测［M］//教育部人文社会科学重点研究基地，吉林大学边疆考古研究中心，边疆考古与中国文化认同协同创新中心. 边疆考古研究：第 18 辑. 北京：科学出版社，2015：389–396.

④ 崔剑锋. 陕西蓝田北宋吕氏家族墓地出土青釉瓷的产地研究［M］//北京大学中国考古学研究中心. 两个世界的徘徊：中古时期丧葬观念风俗与礼仪制度学术研讨会论文集. 北京：科学出版社，2016：451–457.

⑤ 崔剑锋. 出水瓷器的便携式 XRF 产地分析［M］//国家文物局水下文化遗产保护中心，中国国家博物馆，广东省文物考古研究所，等. 南海 I 号沉船考古报告之一：1989~2004 年调查. 北京：文物出版社，2017：608–623.

⑥ 钧釉瓷也为青瓷的一种，一些窑址已经发现钧釉瓷与青釉瓷同窑混烧的现象，并且根据本实验室过去模拟实验的结果，对钧釉瓷进行重烧可以获得青釉瓷。

$$PCA1 = -0.728Ti + 0.96Mn + 0.874Rb + 0.679Sr + 0.882Y -$$

$$0.144Zr + 0.877Ba + 0.401Pb;$$

$$PCA2 = 0.476Ti + 0.039Mn + 0.142Rb - 0.291Sr + 0.320Y + 0.877Zr +$$

$$0.008Ba + 0.549Pb。$$

根据表达式计算结果，绘制 PCA1 和 PCA2 的二元散点图（见图1），可以看到金中都的青瓷大体可以分为三类，一类与钧釉的微量元素成分相近，另两类中数量较多的在主成分一中数值较大。根据表达式推测，应为高 Mn 高 Rb 类产品，另一类在主成分二的正向量上绝对值很大，推测为一类高 Zr 的产品。

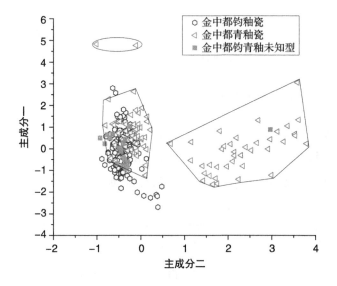

图1　金中都出土全部青瓷的主成分分析散点图

根据以上分类结果对金中都出土青釉瓷、钧釉瓷、钧青釉未知型瓷分别进行讨论。

（一）金中都出土青釉瓷产地分析

对金中都出土青釉瓷和青釉瓷窑址数据作主成分分析，并制作前三个主成分分析的三维散点图（见图2），根据主成分分析降维结果看，金中都遗址出土青釉瓷存在多个产地来源，包括陕西、河南、浙江等多地的产品，其中甚至有部分青釉瓷可能来自东北地区。同时，仍有部分青瓷在窑址数据库之外。

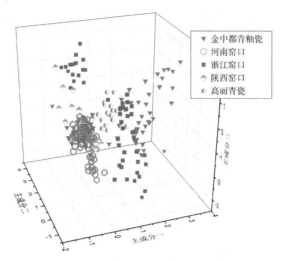

图 2　金中都出土青釉瓷的主成分分析散点图

制作金中都出土青釉瓷 Zr-Ti 的二元散点图（见图 3），根据以往的分析结果，越窑产品的釉层往往具有高 Ti 含量的特征，本次分析的青釉瓷的数据中不存在此类样品。

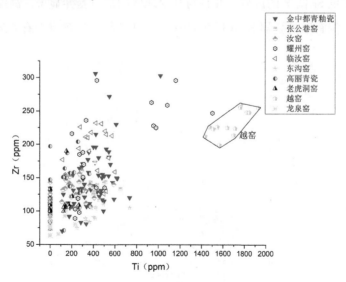

图 3　金中都出土青釉瓷 Zr-Ti 的二元散点图

制作 Mn-Rb 二元散点图（见图 4），可以发现金中都出土青釉瓷器中大量高 Mn 高 Rb 的产品落入了龙泉窑的区域。仍有大量高 Mn 高 Rb 的产品未落入龙泉窑区域，目前产地未知。河南地区青釉瓷窑口以及耀州窑青釉瓷产品多集中在低 Mn 低 Rb 区域。

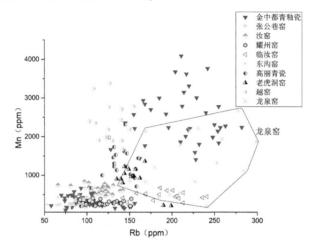

图 4　金中都出土青釉瓷 Mn-Rb 的二元散点图

制作青釉瓷 Sr-Y 的二元散点图（见图 5），可以看到河南地区青釉瓷集中在了低 Sr 低 Y 的区域，并且与其他地区的窑口差异显著。高丽青瓷与南宋老虎洞官窑的瓷器 Sr 含量普遍较高，但二者在 Y 含量上有差异。

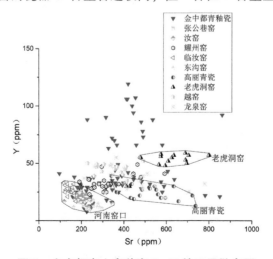

图 5　金中都出土青釉瓷 Sr-Y 的二元散点图

综合以上信息来看，金中都发掘出土的青釉瓷中，目前暂无越窑产品，多数青瓷或为河南窑口产品，此外，还有一部分青瓷产品落入耀州窑的范围。另有少数几件可能来自东北地区的窑址。

（二）金中都出土钧釉瓷的分析

制作金中都出土钧釉瓷的 Fe-Mn 二元散点图（见图 6），可以对钧釉瓷的产地进行判断，散点图中的六个窑址大体分为三个区域。金中都出土的钧釉瓷主要来自第一组，这组数据以贾壁窑和鹤壁集窑者居多；同样存在大量数据与第二组重合，这组数据以闵庄窑和东沟窑为主；第三组数据清凉寺窑和临汝窑的数据较少。少量金中都钧釉瓷的数据点落在三组范围之外，或许受窑址标本数据量过少的影响。

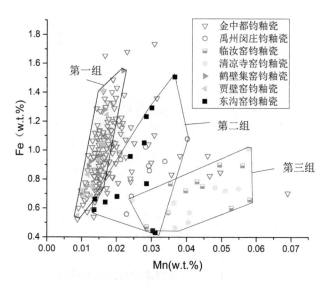

图 6　金中都钧釉瓷 Fe-Mn 散点图

（三）金中都钧青釉未知型分析

金中都钧青釉未知型以天青釉为主，对包含天青釉的窑址与此类型的数据的 Si、K、Ca、Ti、Mn、Fe、Rb、Sr、Y、Zr、Ba、Pb 等元素共同做主成分分析。主成分分析表达式如下：

$$PCA1 = -0.799Ti + 0.813Mn + 0.738Rb + 0.773Sr + 0.807Y + 0.214Zr +$$
$$0.671Ba + 0.174Pb + 0.127K + 0.522Ca - 0.342Fe - 0.44Si;$$

$$PCA2 = 0.267Ti + 0.234Mn + 0.333Rb - 0.298Sr + 0.149Y + 0.527Zr +$$
$$0.257Ba + 0.5Pb + 0.722K - 0.005Ca + 0.545Fe + 0.366Si;$$

$$PCA3 = 0.124Ti + 0.057Mn - 0.454Rb + 0.057Sr + 0.074Y + 0.62Zr -$$
$$0.374Ba - 0.368Pb - 0.368K + 0.711Ca + 0.229Fe + 0.047Si_{\circ}$$

制作三维散点图如下所示（见图7），可以看出金中都钧青釉未知型多数与河南地区钧、青釉瓷以及贾壁窑重合，少数几个位于产地判断的边界，后续将结合实验室分析做进一步判断。

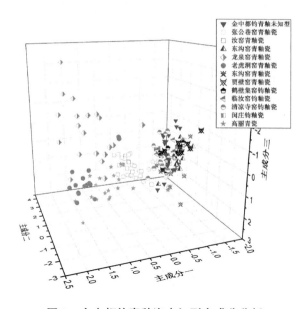

图7　金中都钧青釉瓷未知型主成分分析

四、金中都出土白瓷分析

金中都遗址的瓷器中出土了大量的白瓷，白瓷可以分为细白瓷、粗白瓷、青白瓷三类，此处细白瓷指代无化妆土白瓷，粗白瓷指有化妆土白瓷，本报告主要对细白瓷的产地进行判断。

制作 Sr 含量的箱式图（见图8），通过 Sr 含量可以将金中都出土细白瓷样品分为三组。第一组样品的 Sr 含量小于 130ppm，第二组样品的 Sr 含量为 130~300ppm，第三组样品 Sr 含量在 300ppm 以上。从箱式图上可以看出，只有定窑符合第一组的数据范围，因此可以确定金中都存在大量定窑产品。

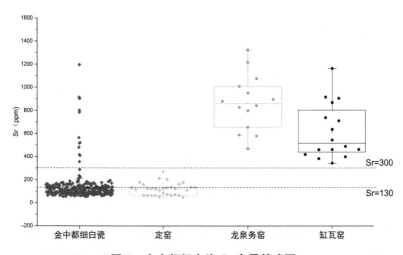

图8　金中都细白瓷 Sr 含量箱式图

从图中还可以看出定窑和河津窑均有符合第二组条件的样品，制作 Rb-K 二元散点图做进一步的判断。如图 9 所示，第二组样品中一部分落入定窑的范围，少量落入河津窑的范围，除此以外，还有部分样品没有落入这两个窑址的分布区域，可能来自未知的窑口。

此外，缸瓦窑和龙泉务窑均符合第三组样品的分布范围，使用主成分分析对其进行判断，主成分分析表达式如下：

$$PCA1 = -0.368Mn - 0.764Fe + 0.291Rb + 0.707Sr - 0.194Y + 0.752Zr - 0.315Ti;$$

$$PCA2 = -0.86Mn + 0.035Fe - 0.45Rb + 0.157Sr + 0.813Y + 0.066Zr + 0.513Ti;$$

$$PCA3 = 0.161Mn - 0.149Fe + 0.762Rb - 0.468Sr + 0.227Y + 0.411Zr + 0.677Ti。$$

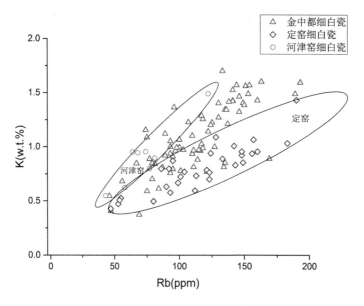

图9　金中都细白瓷第二组 K-Rb 散点图

制作主成分的三维散点图（见图 10），可知第三组细白瓷样品主要产自龙泉务窑，未见产自缸瓦窑的样品，还存在少量来源未知的样品。

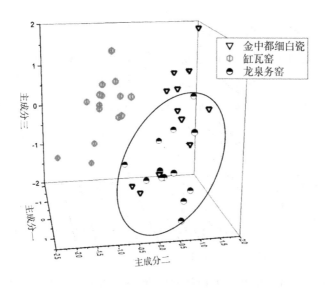

图10　金中都细白瓷第三组主成分分析

综上，金中都出土细白瓷中，产自定窑者居多，少量样品产自河津窑、龙泉务窑，暂未发现缸瓦窑的样品，还存在一些产地未知的样品。

五、结论

金中都遗址 C4 地块发掘出土的青釉瓷中，主要为河南窑口产品，同时一部分青釉瓷产品落入耀州窑的范围。遗址出土钧釉瓷产品，数据更多指向贾壁窑、鹤壁集窑、闵庄窑和东沟窑等，但因为河南地区相关窑址数量庞大，仍需要后续更多基础工作。遗址出土细白瓷产品大部分来自定窑，少量样品产自河津窑、龙泉务窑。

西城区光源里遗址被认为是金中都中后期皇家御用寺庙大觉寺，寺内设御容殿，且用于储存皇家档案或祭祀用品。大觉寺是目前金中都考古中发掘面积最大的一处官式建筑遗址，目前金代考古此类实例尚属罕见，为金代大型建筑基址研究提供了难得的实例。其中大量瓷器残片的出土，对金代制瓷手工业生产发展水平、金中都商贸情况、金代宫廷用瓷制度等研究具有重要意义。金中都作为北京建都之始，如何利用旧有城市，如何开创新格局，从光源里遗址中可窥一斑，对北京城市考古研究具有重要意义。光源里遗址考古发现，从建筑技术和遗物风格，均反映出女真人已经高度汉化，是从考古学视角阐释中华民族多元一体格局形成过程的典型实例。[1]

---

① 王继红，李永强. 西城区光源里金中都遗址 2022 年发掘收获 ［M］//北京市考古研究院. 北京重要考古发现 2021—2022. 北京：文物出版社，2023：83-91.

北京地区金代火葬墓分期研究*

郑思雨**

【摘　要】唐代晚期我国北方地区渐趋流行以火焚烧尸骨的葬俗。金代，女真贵族迁入中都，开始融合吸收本地区文化习俗，丧葬形式从无葬具的尸骨葬转变为火葬，促进了石椁墓的出现和流行。火葬墓形制丰富，包括砖室墓、砖石混筑墓、石椁墓和土坑墓。受到中原文化影响，金代火葬墓使用阶层更为广泛，上至女真贵族、下至平民百姓皆从火化。本文通过对北京地区金代火葬墓进行考古学研究，对比金中都与上京火葬墓的差异，初步总结北京地区金代火葬墓发展特点。

【关键词】金代；金中都；火葬墓

一、发现情况

20 世纪 50 年代，北京发掘金代墓葬以火葬墓居多。60—80 年代，随着基建工程增多，先后发现先农坛金墓、通州石宗璧夫妇墓、门头沟区窝鲁欢墓、海淀区蒲察胡沙墓、丰台区乌古论窝论墓以及乌古论元忠夫妇墓等。90 年代起，北京考古工作有序开展，相继发现门头沟永定金墓、西城积水潭金墓、何各庄金墓等。2001 年始，金代考古主要发掘了金太祖睿

　＊　本文为中共北京市丰台区委宣传部课题"金中都历史文化内涵挖掘"研究成果之一。

　＊＊　郑思雨，北京联合大学应用文理学院文物与博物馆专业硕士毕业生，西安瓦当艺术博物馆典藏部宣传委员。

陵，发现石景山区八角村金墓、延庆州张山营墓两处壁画墓。2007 年，发掘石景山鲁谷金代家族墓 10 座，皆为火葬墓。[①] 2008 年，为配合大兴区新城建设，北程庄共清理北魏至清代墓葬 48 座，其中辽金火葬墓有 10 座，是北京地区发掘的辽金时期墓葬中保存状况最好的墓群[②]，为研究金代家族墓地及墓葬分期提供了丰富资料。据笔者统计，北京地区金代火葬墓 53 座，占已发掘金墓总数的 1/3 以上，主要分布在金中都西北、西南近郊。

关于辽金火葬墓的研究，徐苹芳结合文献资料与考古材料，第一次系统讨论火葬仪式。[③] 景爱《辽金时代的火葬墓》[④] 对墓葬类型、葬具及葬式等进行研究，探讨了火葬葬俗与原始民族信仰、佛教信仰的关系问题。赵东海《宋元时期长城以南地区火葬墓的考古学研究》采用考古类型学方法，对火葬墓进行宏观的类型划分，将长城以南火葬墓分为五大区，分析区域特征的差异及成因。[⑤] 齐心、孙勐、丁利娜等学者对北京辽金墓葬形制结构、葬具、葬式等进行系统研究，为探讨火葬墓提供了基础资料。[⑥] 李伟敏《北京地区的火葬墓及相关问题研究》[⑦] 梳理了 20 世纪 50 年代以来北京地区辽至明清火葬墓的考古发现，总结墓葬形制、葬具类型等特点，讨论火葬习俗的变化趋势。此后，丁利娜《北京地区金代石椁墓及火葬习俗再谈》从 40 座金代石椁墓的发现与分布、使用规制及火葬习俗等方面对北京地区石椁墓进行梳理，划分石椁墓发展阶段，总结其形制规格演变规律，分析金代帝陵葬制与皇室佛教政策，探讨火葬墓与佛教的关系。[⑧]

以上研究已取得显著成果，但由于金代文献记载欠缺，对于火葬墓的

① 北京市文物研究所. 鲁谷金代吕氏家族墓葬发掘报告 [M]. 北京：科学出版社，2010.
② 北京市文物研究所. 大兴北程庄墓地：北魏，唐、辽、金、清代墓葬发掘报告 [M]. 北京：科学出版社，2010.
③ 徐苹芳. 宋元时代的火葬 [J]. 文物参考资料，1956（9）：21-26.
④ 景爱. 辽金时代的火葬墓 [M] // 东北考古与历史编辑委员会. 东北考古与历史丛刊. 北京：文物出版社，1982：104.
⑤ 赵东海. 宋元时期长城以南地区火葬墓的考古学研究 [D]. 吉林：吉林大学，2019.
⑥ 北京市文物研究所. 北京考古四十年 [M]. 北京：燕山出版社，1990.
⑦ 李伟敏. 北京地区的火葬墓及相关问题研究 [J]. 考古，2012（5）：65-73，109.
⑧ 丁利娜. 北京地区金代石椁墓及火葬习俗再谈 [J]. 中原文物，2020（4）：78-84.

特点等仍有研究空间。本文基于北京金代火葬墓考古材料，进行系统分型分期，从各期墓葬的形制、结构及随葬品组合等方面讨论其时代特点；与文献资料相结合，探讨火葬葬俗相关问题；初步总结北京地区金代火葬墓的特点。

二、墓葬类型划分

本地区发掘并公布的金代火葬墓 50 座，依材质划分为砖室墓、砖石混筑墓、石椁墓和土坑墓四类。其中结构清晰、可进行分期的墓葬为 24 座。

（一）砖室墓

共发掘 20 座，由墓道、墓门、甬道、墓室构成，平面有圆形、长方形、八角形三类，并以墓室规模细分亚型。

A 型　圆形砖室墓

Aa 型　有墓道圆形砖室墓

平面呈圆形，穹窿顶，由墓道、墓门、甬道、墓室构成，根据墓室大小分两式。

Ⅰ式　墓道为阶梯或斜坡长墓道，直径多在 2 米以上，采用仿木结构装饰。墓葬北侧以砖土砌筑棺床。包括大兴小营金墓、石景山八角村、北程庄 M22、M25 等，见图 1（1）。墓壁内外覆盖白灰，部分残存壁画。

Ⅱ式　短墓道，墓室规模小，无壁画装饰，仿木结构简单。包括永定金墓 M1、M3、何各庄金墓、密云大唐庄 M6、北程庄 M35 等，见图 1（2）。

Ab 型　无墓道圆形砖室墓

在平地或竖穴土坑中砌筑，无墓道、墓门及仿木结构装饰。如大兴北程庄 M32，四周直壁，为两层空斗砌法而成。顶部数块砖上有涂抹白灰，墓室北部置有棺床，为整砖砌筑，共三层，见图 1（3）。

B 型　长方形砖砌墓

墓葬规模较小，无墓道、墓门，多以单面沟纹青砖铺底，四壁平砖顺砌或叠涩砌筑墓顶。四周直壁，叠涩穹窿顶，顶部残留白灰痕迹。如北程庄 M33、M34、M37。其中 M33，东西长 1.16 米，南北宽 0.9 米，见图 1

（4）。M34，长 0.68 米，宽 0.4 米左右。

C 型　八角形砖室墓

目前仅发掘延庆张山营金墓，由墓道、墓门、甬道、墓室组成，墓室底部呈八角形。穹隆顶，内壁粉以白灰。四周有砖雕斗拱立柱，在甬道两侧绘有壁画。墓圹通长 12.3 米，墓道南北长 5 米、东西宽 0.96～1.06 米，共有七级台阶，见图 1（5）。

（二）砖石混筑

使用砖、石两种材料所筑造，共 4 座，依墓葬形状分为两型。

A 型　圆形砖石墓

仅有永定金墓 M2，形制与 Aa 型砖室墓相近。墓室直径 2.3 米、高 2.25 米。最下一层平铺灰砖，用不规则石块垒砌 0.4 米的墓壁，上以青砖砌筑穹窿顶，墓顶的收口处用四块整砖，四角相对封口，见图 1（6）。

B 型　长方形砖圹石盖墓

呈长方形，四壁以单面沟纹砖平铺错缝砌成，砖圹上盖整块青石板。此类墓包括丰台王佐 M2、半截塔金墓等，如西城积水潭金墓东西长 0.95 米，南北宽 0.88 米，高 0.7 米。

（三）石椁墓

共 20 座，以石板构筑长方形墓室，根据石板数量、棺椁材质可分为以下两型。

A 型　石椁石棺

以石棺、石函装殓骨灰，如乌古论元忠夫妇墓，石椁长 3.5 米，宽 2.64 米，高 1.91 米。四壁由汉白玉构成，见图 1（7）。内为素面汉白玉石棺，四壁以榫卯连接，棺长 2.74 米，宽 1.4 米。此外，吕氏家族墓 M35、M56 较为特殊，其墓主最初在辽代下葬，经迁葬后在原有内椁外重新砌筑石椁，形成双重石椁。内外椁嵌套而成，规格差距较小。

B 型　石椁木棺

Ⅰ式　石椁形制较大，如丰台王佐乌古论窝论墓、通州三间房 M1、M2。其中乌古论窝论墓椁，长 3.33 米，宽 2.55 米，高 1.65 米，见图 1

（8）。石椁四壁由四块完整的青石板组成，以凸凹状单榫卯相合。椁内壁有整齐的凿痕。漆木棺放置在青石板棺床上，长 2.3 米，宽 1.3 米，高 1.3 米，残存黑红及描金的漆片。发现铁棺环、玉环一件、玉佩饰等。密云第七中学 M10 墓坑较为特殊，分上下两层。上层为长方形，下层墓坑近似梯形，亦发现 8 层夯土。石函四周上部砌筑一周砖壁，函内发现木匣残迹。

Ⅱ式　石椁形制较小，石椁长度在 1.7 米以下，多无棺床。如先农坛金墓、鲁谷吕氏家族墓 M38、M46、M47〔见图 1（9）〕、M49、M52、M60 等。

（四）土坑墓

共发现 6 座，以土坑形制分为两型。个别土坑墓为 2~3 个瓮棺合葬。

A 型　圆形土坑

为不规则圆形土坑，内置双系陶瓮棺，如北程庄 M28〔见图 1（10）〕、M38 等。

B 型　方形土坑

土坑呈方形或长方形，土坑内壁较为规整，内置双系陶瓮棺，包括北程庄 M27〔见图 1（11）〕、M48 等。

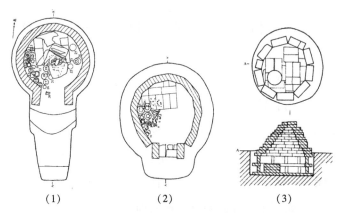

（1）　　　　　　　（2）　　　　　　　（3）

图 1　北京金代火葬墓墓葬形制

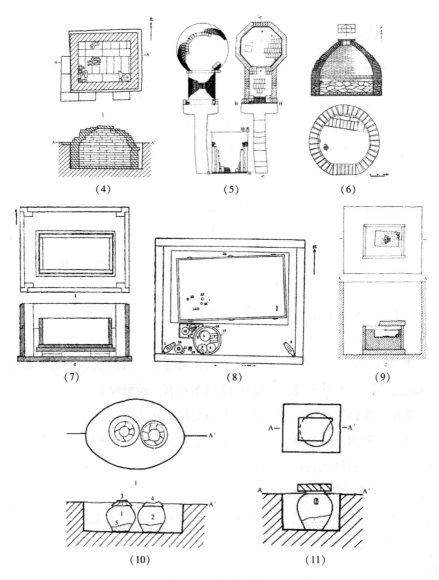

图 1　北京金代火葬墓墓葬形制（续）

（1）Aa 型 I 式砖室墓（北程庄 M22）　（2）Aa 型 II 式砖室墓（北程庄 M35）　（3）Ab 型砖室墓（北程庄 M32）　（4）B 型砖砌墓（北程庄 M33）　（5）C 型砖室墓（延庆张山营墓）（6）A 型砖石混筑墓（永定金墓 M2）　（7）A 型石椁墓（元忠夫妇墓）　（8）B 型 I 式石椁墓（丰台王佐乌古论窝论墓）　（9）B 型 II 式石椁墓（吕氏家族墓 M47）　（10）A 型土坑墓（北程庄 M28）　（11）B 型土坑墓（北程庄 M27）

三、随葬品

北京地区金代火葬墓随葬品以陶器、瓷器为主，高等级墓葬还会随葬石器、玉器、骨器、金银器、铜器等。本文选取时代变化明显的典型器物，包括陶瓷罐、鸡腿瓶、陶盆、陶釜、陶碗、陶钵、执壶、瓷瓶、单耳洗及瓷盘、瓷碗，具体型式分型如下。

（一）陶瓷罐

将北京地区火葬墓出土的53件陶瓷罐，根据形态分为三型。

A型　陶仓21件，根据器腹变化分为两式。

Ⅰ式　圆唇，溜肩，平底。圆帽形器盖，珠形纽，盖沿上翘。器身素面或饰红、白彩绘。包括北程庄 M22：8、M22：10、M22：4、M22：2等，通高17厘米左右。密云大唐庄 M6：6鼓腹不明显，近似直筒状，通高18~19厘米。

Ⅱ式　圆唇，平沿，束颈，最大径在肩部，下腹内收，僧帽形器盖。如永定金墓出土5件陶罐，高度在12厘米左右，器型较小。

B型　鼓腹罐19件。根据器型大小变化，分三式。

Ⅰ式　圆唇，部分口沿外侈。口外旋抹痕明显，肩微鼓，鼓腹，下腹急收，小平底较厚略内凹。如北程庄 M25：8、M25：11、M33：4等。器型较小，高度在6~8厘米。

北程庄 M48：2　敞口，束颈，弧腹，底渐收，平底。素面。口径16.2厘米、最大腹径25.8厘米、底径11.9厘米、高25.8厘米。用以装殓骨灰。

Ⅱ式　三间房 M1出土黑釉瓜棱陶罐，侈口，最大径在上腹部，口径8厘米、腹径9厘米、高9.5厘米。三间房 M2出土的黑釉罐，形制相近，通高8~9厘米、小圈足，最大径在上部。

Ⅲ式　先农坛金墓青釉罐5件，小口短颈，广肩，内外施青釉，外壁釉不及底。高17厘米，口径6.5厘米、腹径12.5厘米，底径7.5厘米。

C型　双系罐11件，常用于盛装骨灰。依据腹部形态变化分三式。

Ⅰ式　直口，平沿，短束颈，溜肩，鼓腹急收，腹部饰弦纹。肩部有双系。器外见修坯旋痕。包括北程庄金墓 M29、M48 等。

Ⅱ式　弧腹略鼓，包括北程庄 M27：1、M28：3。

Ⅲ式　吕氏家族墓 M35 出土 5 件，圆唇高颈，腹部较直，矮圈足。口沿下至肩部有对称双系，系耳高于口沿，内外壁满釉饰弦纹。口径 7~8 厘米、腹径 10 厘米、通高 11~12 厘米。

D 型　子母口罐，带盖，敞口，短束颈，折肩，斜弧腹，平底，通体素面。与之配套的盖，圆盘形，平顶，弧壁，内敛口，罐与盖以子母口的形式扣合，素面无纹。如北程庄 M32：1，口径 30.6 厘米、最大腹径 34.8 厘米、底径 24 厘米、罐高 21.9 厘米、通高 27.6 厘米。北程庄 M37：1 与 M32 形制大小相近。

（二）鸡腿瓶

共出土 8 件，以釉陶质地为多，可根据腹部分为三型。

Ⅰ式小口尖圆唇，短颈，长圆腹，最大径在上部，平底，肩、腹部饰弦纹。如大兴小营金墓鸡腿瓶，口径 4.4 厘米、底径 6 厘米、高 39.4 厘米。

Ⅱ式平沿方唇、束颈、最大径在中部。如永定金墓、三间房 M2 所出土鸡腿瓶。

Ⅲ式器型瘦长，通体饰弦纹，如先农坛金墓鸡腿瓶，最大径在肩部，肩以下有凸弦纹。缸胎厚重，灰绿釉，瓶下部无釉。一件高 50 厘米、口径 6.5 厘米、腹径 14.5 厘米、底径 7 厘米。一件高 36 厘米、口径 6 厘米、腹径 11 厘米、底径 6.5 厘米。

（三）陶盆

共出土 16 件，根据有无器足分为两型。

A 型　平底盆，共 16 件。根据腹部可分为两式。

Ⅰ式　侈口、圆唇或方圆唇、斜弧腹。如北程庄 M35：5，口径 19.6 厘米、底径 10.8 厘米、高 5.8 厘米。北程庄 M22：18、19、25 三件陶盆形制相近。口径 12 厘米左右，底径 6 厘米左右。

北程庄 M29 陶盆较为特殊，出土时扣在双系罐上，口径 38 厘米，最大腹径 37.2 厘米，高 16.8 厘米。大兴小营金墓出土 3 件陶盆，折沿，斜腹，口径 15 厘米左右。

Ⅱ式　口径较小，鼓腹明显。如北程庄 M33：6，直口微敛，平折沿，方圆唇，短颈，鼓腹，弧收，小平底。沿饰凹弦纹一周，余为素面。口径 11.1 厘米、底径 4.4 厘米、高 5.5 厘米。标本 M33：7，敞口外侈，尖唇，鼓腹，弧收，平底。器身见修坯旋痕，腹饰凹弦纹三周，余为素面。口径 12 厘米、底径 5.6 厘米、高 6.2 厘米。永定 M2 卷沿盆。泥质灰陶、素面、宽平卷沿，腹壁斜直，平底。高 3.8 厘米、口径 14.4 厘米、底径 6.6 厘米。

B 型　三足盆，共 9 件。

陶盆底部有三足，如小营金墓 M1：15，敞口，斜腹，平唇上有三道旋纹，内施红彩，底部三足。口径 14.8 厘米，高 4.7 厘米。大唐庄 M6 出土四件形制相近的三足陶盆，报告称陶鼎。侈口，圆唇，口径 16~17 厘米。高 7~9 厘米。

（四）陶釜

共出土 7 件，根据有无器足分为两型。

A 型　平底釜

Ⅰ式　上部饰旋纹，折沿，斜腹，平底。如小营金墓出土，口径 8.2 厘米，底径 4.7 厘米，腹径 13.2 厘米，通高 7 厘米。三间房、密云大唐庄 M6 出土两件，如 M6：22，口径 10.2 厘米、底径 7.2 厘米、通高 13.8 厘米。

Ⅱ式　器型变小，錾部离口沿更近，如三间房錾釜，口径 9 厘米、通宽 12 厘米、高 5.5 厘米，腹部有七个錾手。

B 型　三足釜

Ⅰ式　小营金墓 M1：11，直口，折沿，斜腹，平底，三锥状足，素面，口外颈有三道旋纹，折沿处施红彩。口径 8.8 厘米，通高 8.2 厘米。

Ⅱ式　三间房出土三足釜，口沿外侈，底部三足较短。口径 9 厘米、通宽 8.5 厘米、通高 7.5 厘米。

（五）执壶

共出土 3 件，可分两型。

A 型　束颈，斜腹，平底执壶，如小营金墓 M1：9，残，侈口，上腹有一无孔锥状嘴，素面。口径 8.2 厘米，底径 5.4 厘米，腹径 11.4 厘米，通高 14.6 厘米。

B 型　葫芦型执壶

乌古论窝论墓出土，小口平底，双腹束腰，上腹小，下腹大，呈葫芦状，曲流，上细下粗，执把粘接于上下腹部。盖上有扁圆环钮。釉色浅青灰，口径 3.1 厘米、底径 9.3 厘米、通高 28.4 厘米、最大腹径 17 厘米。

（六）瓷盘

共出土 13 件，根据器足分为两型。

A 型　圈足盘

Ⅰ式　口沿外侈，斜壁下内折，矮圈足，胎质洁白细腻，盘心有凹弦纹，多有支烧痕迹。包括北程庄 M33、大兴小营金墓出土瓷盘。

Ⅱ式　以定窑白瓷为主，如通州三间房 M2，定窑莲花纹圈足盘，口径 15 厘米、底径 5.7 厘米。定窑素瓷盘，口径 12.3 厘米、圈足 5.4 厘米。窝论墓影青盘内底印莲花，外围饰折枝花草，盘内满釉。北京先农坛金墓瓷盘，口沿外侈，斜壁下内折、矮圈足，胎质细腻，盘心有一圈凹弦纹。高 2.7 厘米、口径 16 厘米、底径 6 厘米、壁厚 0.3 厘米。

B 型　平底盘

敞口，无圈足，盘底多有印花纹饰，如先农坛金墓出土的定窑花草纹刻花盘，口径在 9~11.5 厘米。先农坛金墓出土定窑花草纹刻花碟 4 件，敞口、平底、白胎质细、薄釉。内刻花草纹，一件高 1.9 厘米、口径 11.5 厘米、底径 8.5 厘米。其余均高 0.9 厘米、口径 9 厘米、底径 6 厘米、厚 0.2 厘米。

（七）瓷碗

出土 17 件，可依口沿形态分为两型。

A 型　侈口碗

Ⅰ式　敞口，圈足，弧腹，口径较大，器型不规整，内有支烧痕迹。北程庄墓地出土较多，素面无装饰，内有支烧痕迹。北程庄 M28，双色釉碗，内外上腹部施白釉，其他部位施黑釉。密云大唐庄 M6 出土 5 件。口径 13～20 厘米，内饰花草纹，外饰斜线纹。装饰手法多样。小营金墓出土 M1：3，口径 17.5 厘米、底径 6 厘米、高 5.2 厘米，胎质较粗，乳白色。大唐庄 M6，敞口、圆唇、矮圈足，口径在 13～20 厘米。内外饰釉下压花，内饰花草及"S"纹饰。

Ⅱ式　器腹较深，器型较小，以定窑为主。如密云第七中学 M10、三间房金墓、先农坛金墓出土瓷碗。

如先农坛定窑小碗，矮圈足，内外施白釉，圈足底与碗心有一圈无釉，高 3.6 厘米、口径 9 厘米、底径 3.7 厘米。黑釉碗，直壁矮圈足，内外施黑釉，釉色光泽明亮，外壁釉未到底，口沿无釉，高 5 厘米、口径 7.3 厘米、底径 4 厘米、腹径 7 厘米。通州三间房 M2 出土瓷碗，口径 8 厘米、高 2.9 厘米、圈足 3.4 厘米。定窑素瓷碗，口径 7 厘米、高 4 厘米、圈足 5.5 厘米。通州 M1 定窑素碗，平底，口径 12 厘米、底径 6.4 厘米、高 5 厘米。定窑碗，口径 16.5 厘米、高 8 厘米、圈足 6 厘米。窝论墓出土瓷碗 2 件，直口平底、卧足、底部无釉，灰白色胎，质地细腻，碗内饰印花折枝牡丹，口径 17.1 厘米、底径 4.2 厘米、高 6.2 厘米。

B 型　葵口碗　六瓣葵口，略外撇，通体施釉，内壁有块状支烧痕迹，如三间房出土葵口碗，定窑瓷器，内刻莲花荷叶纹。胎薄，圈足满釉，口径 18.5 厘米、底径 10 厘米、高 7 厘米。

先农坛金墓，定窑莲瓣碗一件。敞口似莲瓣，斜壁，矮圈足，胎质白而细腻，釉薄而不甚均匀，碗心有一周凹弦纹。高 6.7 厘米、口径 14.6 厘米、底径 6.3 厘米。

四、墓葬及随葬品分组

依据类型学，参照纪年墓形制及随葬品，可将北京地区火葬墓分为以下三组。

第一组：属于这一组的墓葬有延庆张山营壁画墓、大兴小营金墓、石景山八角村赵励墓、门头沟永定金墓 M2、密云大唐庄 M6、大兴区北程庄 M22、M25、M32、M33、M29。此组墓葬形制丰富，以 Aa 型、Ab 型砖室墓为主，兼有 A、B 型砖砌墓，A 型砖石墓及土坑竖穴墓。以 A 型砖室墓为主直径在 2 米左右，皆为南北朝向。A 型混筑墓形制更接近 A 型砖室墓，皆有墓道、墓门。

墓中流行成组陶明器，如 A 型、B 型 I 式陶罐、I 式鸡腿瓶。其中 C 型 I 式双系罐为葬具，盛装骨灰。并伴出陶剪、研磨碗、陶箕等辽代典型器。瓷器出土数量少，以本地区窑口为主，瓷碗、瓷盘等胎质略粗，内壁少有装饰。

第二组：属于这一组的墓葬有北程庄金墓 M27、M28、M35、M37、M38，通州三间房 M1、M2，丰台王佐乌古论窝论墓。此组包括 Ab 型砖室墓、B 型 I 式石椁墓，B 型砖石墓出现。石椁墓墓圹在 3 米左右，墓内有石板棺床，上置石棺或木棺。随葬陶罐、陶碗、鸡腿瓶数量减少。此组瓷盘、瓷碗胎釉精致，且在器内外壁多装饰荷花、莲花纹饰。石椁墓中，多见金属器、金银器、玉器等。包括铁剪、铁釜、玉佩、玉环八卦炉、瓜棱盒、漆木盒、骨梳等。此期出现的单耳洗、玉壶春瓶等皆为定窑瓷器。并出土丰富的黑釉瓷器，如三间房黑釉瓷罐、密云第七中学 M10 黑瓷盏托、黑瓷碟。

第三组：此组仅有 B 型 II 式石椁墓，以白瓷、青瓷为主，包括少量黑釉瓷器，如 C 型 III 式双系罐、定窑瓷瓶、双系八棱瓶、玉壶春瓶。此期双系瓷罐为随葬品，而非葬具。

五、分期

除上述典型器物外，墓葬中也出土较为有时代特点的随葬品。虽不及陶瓷器数量丰富，无法进行系统分型分式，但仍是墓葬分期的重要依据。

第一期：对应第一组，大致相当于辽道宗至海陵王迁都前期（1115—1152 年）。

此期以砖室墓数量最多，皆为汉人墓。主要延续辽代晚期形制，其中地位较高的汉族官员火葬墓皆为仿木结构砖室墓，墓室有砖砌或彩绘装饰的斗拱、直棂窗、一桌二椅等仿木结构，棺床上部为青砖平铺，下部为侧砖顺砌，少见"凹"字形棺床及砖棺的使用，多有反映墓主人生活场景的壁画。如赵励墓所见出行图、散乐图，还有反映家居生活的侍寝图、庖厨图、布宴图。延庆张山营壁画墓，四壁分别描绘出行仪仗、侍女、鼓乐等内容。墓志装饰纹样丰富，张山营壁画墓出土覆斗形墓志盖，四边刻有人身首头的十二生肖，四周有简洁云纹，与吕氏家族墓所出土吕公墓志形制相近。其十二生肖纹饰为辽墓金初所常见纹样。等级较低的平民墓以 Ab 型砖室墓、砖砌墓为主，如北程庄等金代平民墓地，砖室墓内空间狭小，葬具从木棺转变为木匣。仅在墓门等部分装饰彩绘，墓内、棺床残留少量白灰。墓前的"凸"字形祭台，至此期转变为平砌，如北程庄 M32 为平砖顺砌三层而成。砖砌单室墓的四壁砌筑较辽代晚期更为规整，部分墓内平铺两排青砖作为棺床，并以双系罐盛装骨灰，其墓葬等级低于同时期砖室墓。

对比北程庄墓葬 M22、M29 出土 Ab 型、B 型陶盆与陈庄辽墓①陶盆形制接近，见图 2（1）（4）。并且，北程庄 M25：3、M33：5 的陶箕、北程庄 M22：14 研磨钵等在龙泉务辽代火葬墓中十分常见［见图 2（3）（6）］，M25、M33、M48 同出鼓腹罐，可知其为同一期。北程庄 M22：12、小营金墓所出陶鏊与龙泉务 M31：6 形制相近，见图 2（7）（8）（9）。据此可判定北程庄 M22、M29 等为金代早期墓葬。根据打破关系，可知北程庄 M29 打破 M34。北程庄 M48 所出双耳罐与 M29 接近，应同属早期。根据大唐庄 M6 出土 Bb 型 Ⅱ 式陶罐，与大唐庄 M15 陶罐形制相近［见图 2（10）（11）］，且随葬品组合与小营金墓相近，可判定其为早期。

---

① 陈庄辽墓时代不早于辽天庆九年（1119）。

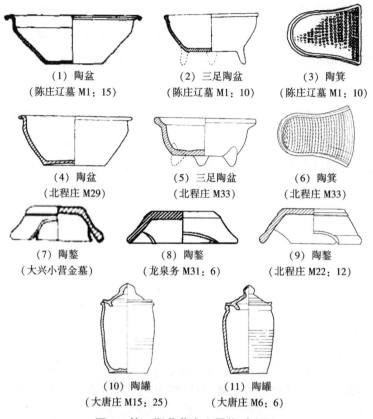

（1）陶盆　　　　　　　（2）三足陶盆　　　　　　（3）陶箕
（陈庄辽墓 M1：15）　　　（陈庄辽墓 M1：10）　　　（陈庄辽墓 M1：10）

（4）陶盆　　　　　　　（5）三足陶盆　　　　　　（6）陶箕
（北程庄 M29）　　　　　（北程庄 M33）　　　　　　（北程庄 M33）

（7）陶鏊　　　　　　　（8）陶鏊　　　　　　　（9）陶鏊
（大兴小营金墓）　　　　（龙泉务 M31：6）　　　　（北程庄 M22：12）

（10）陶罐　　　　　　（11）陶罐
（大唐庄 M15：25）　　　（大唐庄 M6：6）

图 2　第一期墓葬出土器物对比图

第二期：对应第二组，相当于金海陵王迁都至世宗朝（1153—1189 年）。

金代中期，海陵王将金代都城从上京会宁府迁至燕京，女真贵族及职官富户涌入此地，通婚使女真人与汉人的融合进一步深化，葬式葬俗相互融合借鉴。此期高规格石椁墓大量出现，逐渐占据主导地位。包括通州三间房 M1、门头沟完颜窝鲁欢墓、丰台王佐乌古论窝论墓等。从出土墓志可知女真贵族占比较高。此期石椁长在 2~3 米，并多见棺床。如乌古论元忠夫妇墓，石椁长 3.5 米、宽 2.63 米，并使用汉白玉石料制作。多在棺椁上装饰线刻纹饰及对木棺髹漆描金，如乌古论窝论墓。据墓志记载，窝论为正二品上阶，元忠为从一品上阶，元忠妻为"世宗皇帝长女皇姊鲁国大长公主"，石宗璧妻为女真纥克石烈氏，其部族是金代女真的"金源郡王"。且此类墓中银簪、骨梳、铁器、金饰件等高等级陪葬品出现，可知此期火葬墓的使用者"非贵即官"，是火葬使用阶层上移的体现。丰台王佐 M2 等砖圹石盖与石椁墓结构相似，墓葬皆为东西朝向，两者仅材质不同，墓葬级别相近。砖室墓数量下降，北程庄 M35 层位在 M47 之上，与M27、M28、M35、M38 处于同一地层，可推断为金代中期墓葬。

此期随葬品较第一期更为精美，陶器组合逐渐减少，瓷器增多，除本地区及附近地区的龙泉务窑、定窑等所产瓷器外，还有磁州窑、钧窑、耀州窑等南方窑口瓷器。如密云第七中学 M10，其出土 B 型平底盘、白瓷碗与三间房（1177 年）、丰台乌古论窝论墓（1184 年）等所出定窑瓷器相近，黑釉瓷盏与南辛庄 M2 出土相近（见图 3），可知其为金代中期火葬墓。

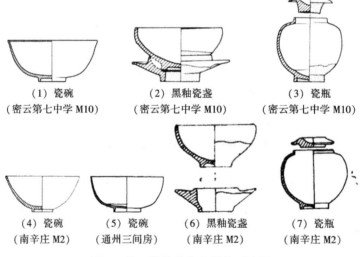

（1）瓷碗　　　　（2）黑釉瓷盏　　　　（3）瓷瓶
（密云第七中学 M10）（密云第七中学 M10）（密云第七中学 M10）

（4）瓷碗　　（5）瓷碗　　（6）黑釉瓷盏　　（7）瓷瓶
（南辛庄 M2）（通州三间房）（南辛庄 M2）（南辛庄 M2）

图 3　第二期墓葬出土器物对比图

第三期：金代晚期（1190—1234 年），即章宗至金代灭亡。此期火葬墓葬数量少，不见前期砖室墓，A 型 Ⅱ 式石椁墓规模及材质不及上期，先农坛石椁长度仅 1.68 米，并由绿砂岩厚石板构成。该墓出土大定通宝，铸有干支背文，应为大定二十八年（1188 年）后铸造，并结合墓葬形制，可判定先农坛金墓属于第三期。此期的吕氏家族墓地，皆采用石椁埋葬，长度在 1.6 米以下。外椁均为素面，内侧则留有凿刻痕迹，其中 M56 石盖满刻牡丹纹以及十二生肖纹饰，为重熙年间（1032—1055 年）初次下葬时所雕刻。

此期随葬品数量明显减少，以瓷器为主，出土的碗、盘大小类似酒盅。典型器有石景山鲁谷金墓 M35 出土八棱双系瓶，与平谷东高村巨家坟所出土双系罐形制相近（见图4），此墓葬有明确的泰和三年纪年。可知 C 型Ⅲ式双系罐为金代晚期器物。由辽入金，疆域的扩张，使得金代政权控制了更多的窑厂，金代中后期社会短暂稳定，制瓷业逐步恢复。此期随葬品体现了金中都手工业的发展水平。

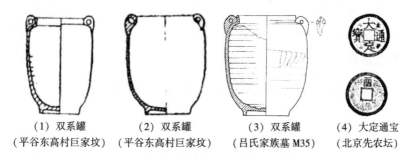

（1）双系罐　　　　（2）双系罐　　　　（3）双系罐　　　　（4）大定通宝
（平谷东高村巨家坟）　（平谷东高村巨家坟）　（吕氏家族墓 M35）　（北京先农坛）

图4　第三期墓葬出土器物对比图

六、北京地区金代火葬墓特点

辽金时期，北京地区作为政治中心、多民族文化交融的中心，其葬俗受到各方面影响。葬制方面，北京地区火葬墓多为单人葬或夫妻合葬墓，未见如河北省迁安金墓①等多人合葬或尸骨与骨灰并葬情况。所见墓志中多为"归葬"，形成较为集中的墓群，如辽代龙泉务墓地、辽金北程庄墓地、张郭庄墓地、金代石景山吕氏家族墓地等。此外，"迁都"是北京地区火葬墓形制演变的重要节点。在金上京一带，发现如黑龙江绥滨中兴金代墓群中以平地掩埋的方式处理骨灰，也印证了文献记载。在迁都北京前，女真人虽已存在火化尸体的葬俗，但少使用葬具。海陵王迁都使得女

① 李子春，王兴明，尹小燕. 河北省迁安市开发区金代墓葬发掘清理报告［J］. 北方文物，2002（4）：21-27.

真汉化程度加深，使得女真人丧葬形式从土坑墓转化为火葬墓，也使得石椁墓在北京地区流行。辽金之际，战乱频发，"遇父母之丧，弃之不忍，携之不能，故用火化。以便随身奉持……"在迁葬中，骨灰便于保存和运输可能是火葬流行的因素之一。

　　辽金北京地区崇佛之风盛行，尤以舍利信仰、陀罗尼信仰在民间流行，佛教所特有的荼毗法逐渐渗透到信众及普通百姓的观念中。如延庆张山营壁画墓出土圆形铜饰，两面分别刻千手观音和释迦牟尼像，反映墓主人对佛教的信奉。通州城出土金崔尚书小娘子史氏墓志记载，天会七年（1129 年）以疾而终"顺其方俗，依荼毗法火化，其舌为之不灰"①。人口流动、政治变迁等多重因素驱使佛教逐渐世俗化。辽代崇佛的社会基础使得人们普遍接受和使用火葬，加之女真贵族对火葬的推崇促使火葬墓继续流行。女真贵族火葬墓吸收本地区丧葬文化，形成特有的火葬葬俗及墓葬形制。

参考文献

[1] 北京市文物研究所. 北京龙泉务辽金墓葬发掘报告 [M]. 北京：科学出版社，2009.

[2] 北京市文物研究所. 密云大唐庄：白河流域古代墓葬发掘报告 [M]. 上海：上海古籍出版社，2010.

[3] 宋大川，朱志刚，郭力展，等. 北京考古工作报告（2000—2009）：密云、怀柔、昌平卷 [M]. 上海：上海古籍出版社，2011：75.

[4] 周景城，王殿华，邢军. 北京昌平陈庄辽墓清理简报 [J]. 文物，1993（3）：68-77，105.

[5] 黄登民，李云凯，徐凤媛. 金代女真人火葬墓流行原因初探 [J]. 黑龙江民族丛刊，1995（1）：76-78.

---

　　① 北京石刻艺术博物馆. 新日下访碑录：大兴卷　通州卷　顺义卷 [M]. 北京：北京燕山出版社，2016.

［6］张邦炜. 辽、宋、西夏、金时期少数民族的丧葬习俗［J］. 四川大学学报（哲学社会科学版），1997（4）：86-93.

［7］赵永军. 金代墓葬研究［D］. 长春：吉林大学，2010.

［8］李伟敏. 北京地区辽代火葬墓及相关问题试析［J］. 文物春秋，2014（3）：21-24.

［9］彭媛. 北京地区辽金时期火葬墓的考古发现与研究综述［J］. 文物春秋，2016（Z1）：34-38.

北京中轴线上的万宁桥：

从三朝古籍看其前世今生[*]

刘雅茹[**]

【摘　要】万宁桥在元代建成，与澄清上闸桥闸一体，发挥着路上交通与调控水量的作用。明代漕运废弃后，主要作为交通桥梁使用。清代多俗称"后门桥"，具有交通桥梁和地理标识的作用。在文献记载中还有海子桥、澄清闸、地安桥等名称，这些称谓体现了万宁桥功能及地位的演变。如今的万宁桥在北京什刹海前海东岸，地安门外大街到鼓楼的中间位置，是北京城中轴线上的标志性建筑。

【关键词】万宁桥；澄清闸；漕运；交通；地理标识

万宁桥位于地安门与鼓楼之间，市民多称其为后门桥，不仅是一座重要的古桥梁，更是北京城中轴线上的一座标志性建筑。元代的万宁桥既可作为桥通行，又可作为闸制水，是水陆交通枢纽。明、清两代靠近皇城内部，贵族府邸、园林多修建于此，万宁桥不再是南北漕运的终点码头，闸坝过舟止水的作用也随之消失，转而成为重要的陆上交通桥梁，为皇城内部的交通提供便利。

一、元代的万宁桥：桥闸一体

万宁桥始建于元代，初为木制，后改为石制。万宁桥桥闸一体，是元代通惠河主干道上最重要的一处，发挥着非常重要的交通枢纽作用。其特

＊ 本文为北京市社科基金重点项目"北京中轴线历史文献整理研究（1267-1912）"、北京学高精尖学科学生创新项目"清代北京中轴线历史文献整理研究"的研究成果之一。

＊＊ 刘雅茹，北京联合大学应用文理学院中国史专业硕士研究生。

殊的地理位置和周边优美的景色也为元大都的繁华奠定基础。

（一）桥闸一体的形成

万宁桥始建于元代，在今什刹海前海东岸，是一座桥闸合一的单孔石拱桥。《析津志辑佚》载："万宁桥，在玄武池东，名澄清闸。至元中建，在海子东。至元后复用石重修。"[①] 至元是元世祖忽必烈的年号，至元三年（1266 年），忽必烈确定了兴建元大都的计划，并派大臣刘秉忠负责新都城的筹建事宜，刘秉忠在规划新都城时，在今什刹海前海东岸画了一条切线作为全城的中轴线，其起点正是万宁桥所在。桥下镇水兽上还刻有至元四年（1267 年）的石刻，也就是说，元代在开始建设大都城时就修建了万宁桥，并以此作为城市中轴线的基点，因此可将万宁桥视为元大都城的"奠基石"。

元大都建成后，为满足大都粮食需要，元世祖又采纳了水利专家郭守敬开辟水源以济漕运的建议，据《元史·郭守敬传》载，此项工程开始于至元二十九年（1292 年）春，于至元三十年（1293 年）秋季完工："大都运粮河，不用一亩泉旧源，别引北山白浮泉水，西折而南，经瓮山泊，自西水门入城，环流于积水潭，复东折而南，出南水门，合入旧运粮河，每十里置一闸，比至通州，凡为闸七。距闸里许，上重置斗门，互为提阏，以过舟止水……三十年，帝还自上都，过积水潭，见舳舻蔽水，大悦，名曰通惠河。"[②] 郭守敬引白浮泉水入城，经过瓮山泊，穿过大都西门，进入积水潭后向东南流出。自积水潭而出的便是通惠河，沿河每十里设置一个闸坝来调节水量，有船来往则提闸放水，平时则紧闭。由于上游水源比较清澈，少有泥沙，沿河设置船闸也不会出现泥沙淤积的情况，澄清闸便设在万宁桥下，最初名为海子闸，是积水潭（又名海子）下的第一道关卡，同时又是元代大运河通惠河段的终端。"海子"是元代北方人对湖泊的通称，元代进士王充耘在所著《读书管见》中写道："南方止水深阔通谓之湖，北方止水深阔通谓之海子。"[③] 按照当时北方人的习俗，元大都城内的

---

① 熊梦祥. 析津志辑佚（河闸桥梁）[M]. 北京：北京古籍出版社，1983：102.
② 宋濂，等. 元史：郭守敬本传：卷 164 [M]. 北京：中华书局，1976：3852.
③ 王充耘. 读书管见 [M] //景印文渊阁四库全书：第 62 册. 台北：台湾商务印书馆，1983：459.

湖泊也被称为海子。《元史·地理志》详细记载了海子的位置："海子在皇城之北，万寿山之阴，旧名积水潭，聚西北诸泉之水，流入都城而汇于此，汪洋如海，都人因名焉。"① 今天我们见到的什刹海的形态是海子不断被分割，逐渐退化形成。

元贞元年（1295年）七月，工部言："通惠河创造闸坝，所费不赀……其西城闸改名会川，海子闸改名澄清。"② 在通惠河工程完工后不久，海子闸改名澄清闸。元时澄清闸分上、中、下三闸，上闸紧靠万宁桥，桥在东，闸在西，这种结构称为桥闸。桥闸，又称闸桥，是古代用来蓄排水的重要建筑，桥通水闸止水，桥与闸相伴建造，使其既可通行车马，又可排洪蓄水。有现代学者调查考证，《析津志》所载至元二十九年（1292年）复用石重建闸桥，更名万宁桥。重建的万宁桥是一座桥闸合一的单孔石拱桥。③ 桥闸分为闸上桥和闸边桥两种，闸边桥是指桥与闸分开建造，闸位于桥的迎水一侧两者相距很近，石闸构件紧靠桥体而建。此种闸多见于拱式桥，如位于西直门外的高梁桥及海子桥等。④ 因此万宁桥在上述定义中又属于拱式闸边桥，既照顾到桥上车辆行人通行，又照顾到桥下行船。万宁桥、澄清闸，这些名称既体现万宁桥的多种功能，又说明了元代桥与闸的密切关系。

海子闸在修建之初为木制桥闸，之后改为石制，《元史·河渠志》记载："武宗至大四年（1311年）六月，省臣言：'通州至大都运粮河闸，始务速成，故皆用木，岁久木朽，一旦俱败，然后致力，将见不胜其劳。今为永固计，宜用砖石，以次修治。'从之。后至泰定四年（1327年），始修完焉。"⑤ 可知通惠河上的桥闸最初是木制，在使用过程中被河水浸泡腐烂，为使桥闸永固，对其进行由木改石的修缮。这项工程最早开始于元武宗至大四年六月，最晚至泰定四年结束，同时根据《元史·泰定本纪》记

① 宋濂，等. 元史：河渠志：卷64 [M]. 北京：中华书局，1976：1347.
② 宋濂，等. 元史：河渠志：卷64 [M]. 北京：中华书局，1976：1589.
③ 孔庆普. 中国古桥结构考察 [M]. 北京：东方出版社，2014：42.
④ 胡玉远. 京都胜迹 [M]. 北京：燕山出版社，1996：45.
⑤ 宋濂，等. 元史：河渠志：卷64 [M]. 北京：中华书局，1976：1590.

载，"元泰定三年（1326 年）八月戊寅，修澄清石闸。"① 进一步说明澄清
闸，也就是海子闸在泰定三年已经修缮为石闸。

（二）元典籍中所见其他名称

万宁桥的名称在元代经历了多次更改，因"海子"取名为海子桥、海子
闸，后改名澄清闸、万宁桥，最终将万宁桥作为官方用名，为何会取"万
宁"一词作为桥的名称呢？一种说法是"万宁"取自金代所建的万宁宫，
桥随宫名，叫万宁桥。万宁宫是金代皇帝的行宫，统治者多在此休闲娱乐，
《金史纪事本末》载："京城北离宫有大宁宫，大定十九年（1179 年）建。
后更为寿宁，又更为寿安。明昌二年（1191 年）更名为万宁宫。"② 万宁
桥在金万宁宫近侧，桥随宫名也经得起推敲。

另一种说法是桥建在大天寿万宁寺前，因寺得名"万宁桥"，但据考
证万宁寺修建于成宗大德九年（1305 年），而万宁桥是在至元初修建，至
元年间复建，在时间上早于万宁寺，因此因寺得名不合理；还有一种说法
是万宁桥木质构造不稳定，在至元以后重修为石桥，取"万年永宁，坚固
不朽"之义，改名为万宁。

自上游开辟水源后，积水潭水域面积扩大，漕船多停泊在此，有着
"舳舻蔽水"的盛况，万宁桥一带也是热闹繁华的景象。黄文仲在《大都
赋》这样写道："扬波之橹，多于东溟之鱼，驰风之樯，繁于南山之简。
一水既道，万货如粪。"樯橹多于游鱼，货物多如粪土，虽有夸张之处，
却形象地描绘了万宁桥四周的繁荣昌盛。由于这种特殊地位，积水潭畔画
舫朱楼，酒肆林立，除了大都的达官显贵之外，文人也多在此聚会游乐。
万春园就位于海子东岸万宁桥附近，新科进士参加恩荣宴后，择日会聚万
春园举行同年会，相互祝贺，饮酒唱和。③ 此外，万宁桥还是元代观赏浴
象的地方，从交趾、真腊等地进贡的大象多安置在距万宁桥不远的地方，
每当六月伏天，饲象人员就将大象赶入积水潭内洗澡，不少人来到万宁桥

---

① 宋濂，等. 元史：泰定本纪：卷 30 [M]. 北京：中华书局，1976：672.
② 李有棠. 金史纪事本末：卷 34 [M]. 北京：中华书局，1980：588-589.
③ 什刹海研究会，什刹海街道办事处，什刹海风景区管理处. 什刹海的桥 [M]. 北京：当
代中国出版社，2006：23.

上观看。

二、明代的万宁桥：交通为主

元末战争破坏了积水潭的引水渠，上游泉水无法引入，这不仅使什刹海水源不足，还严重影响了通惠河的航运能力，加之皇城改建将通惠河上游部分纳入皇城，通惠河水道被严重扰乱，漕船无法北上至积水潭，万宁桥桥下不再过船，桥闸调控水量的作用也随之消失，这一时期主要用于陆上交通。

（一）明中期以前漕运时断时续

明初战事频繁，加之定都南京，积水潭的引水渠无人打理，上游白浮泉水难以引入，导致通惠河河道逐渐淤积。洪武年间虽曾整修通惠河，但是这次施工对通惠河上游水源问题未加重视，城内外旧有会川、朝宗、澄清、文明等闸皆存而不用，其后水源渐涸。① 通惠河又恢复到河道淤塞、舟船不通的局面，澄清闸等闸坝也不再起用，积水潭不再有漕船停泊，逐渐失去漕运总码头的地位。

明成祖称帝后将国都迁回北京，随着修缮工程的集中进行和政治中心的北徙，北京地区人口剧增，官兵俸饷、宗室开销更是数目惊人，不得不依靠京杭大运河从南方转运更多粮食和其他物资。漕船经南北大运河北上停至直沽，此时如何将物资运往京师便日益迫切，因此，明廷决意将通惠河恢复到元朝时的盛况，但是成效一直不大，时断时续。

永乐五年（1407年）为利用通惠河运送建筑材料，北京行部疏："自昌平东南白浮村至西湖景（今北京颐和园）流水河口一百里，宜增置十二闸。"② 虽然最终没有批准置闸的请求，但是疏通了什刹海及其上下游的河道和闸坝，第二年，通惠河下游各闸设置闸官，四月竣工，计"浚北京通州惠和、庆丰、平津、澄清、通流、普济六闸，置官一员"③。这两次施工

① 于德源. 北京漕运和仓场［M］. 北京：同心出版社，2004：203.
② 《明成祖实录》卷67，永乐五年五月丁卯。
③ 《明成祖实录》卷78，永乐六年四月乙酉。

均把重点放在疏浚河道、维护河闸，漕运明显改善，以至于永乐十五年陈锐利用通惠河运输木材时仍可通航，但是施工没有解决通惠河上游水源的问题。上游白浮泉水要想到达皇城必须要经过明皇陵，对于皇陵的风水不利，于是白浮泉水源被放弃，导致通惠河河流水位降低，时有淤塞。到了宣德七年（1432 年），皇城向外扩展，通惠河在城内的重要河段圈入皇城之内，皇城内的澄清闸至文明闸之间已不能行船，船只再无进入积水潭的可能。正统三年（1438 年）五月，东便门处的大通桥闸建成，通惠河起点便改在此处，南来的货物也在此改为陆运进入皇城，万宁桥不再是运河上的终点码头，转而成为皇家前往明陵祭祀的必经之路。

嘉靖时期，吴仲再次疏浚通惠河，减少了通惠河上的置闸，对皇城内的澄清闸未做记载，但根据通惠河置闸来推断，上游闸在于防止诸水旁流，使之集中注入通惠河而壮大水势。[①] 此时的澄清闸只发挥拦水蓄水的作用，保证运河下游水量充足，再想恢复元时的漕运盛况已然是不可能了。

（二）作为交通桥梁

积水潭虽然不再作为漕运总码头使用，但在北京城内能够保留这样一大片水面还是十分难得的，皇亲贵族在此建造府邸园林，文人墨客也偏爱这里的风景，万宁桥周围依然是城内秀美的风景区。袁中道在游什刹海时行至万宁桥边的火神庙，写了首《火神庙小饮看水》诗："作客寻春易，游燕遇水难。柳花浓没地，鸥貌静随湍。歌舞几成醉，尘沙不入澜。石桥明树里，谁信在长安。""石桥"在这里就是指万宁桥，桥体与周围环境融合在一起，树与流水交相辉映，水鸟也随波轻荡，一片惬意。在诗人笔下，万宁桥也不再冷落萧条，又有胡俨《越桥》诗云："浩荡东风海子桥，马蹄轻蹴软尘飘。一川春水冰初泮，万古西山翠不消。何处小车联绣幰，谁家华馆拥金貂。广寒宫阙红云近，时有天香下碧霄。"在明代，万宁桥多以海子桥出现在文人的诗词里，此时的万宁桥已经融入百姓生活中，作为普通桥梁使用，闸的作用已经完全消失。

---

① 于德源. 北京漕运和仓场 [M]. 北京：同心出版社，2004：203.

明代多次修缮桥梁道路，对于承担车马交通作用的万宁桥尤其重视，《明会典》记载："永乐七年（1409 年），命海子桥至西湖一路水道，养办事官十员，给与行粮往来巡察，不许作践。"① 可见明代官府对于桥梁水道的维护工作制定了一系列的制度和规范，划分范围并设置专门人员巡查管理。宣德六年时不仅对万宁桥进行了修缮，也重建了澄清闸，"宣德六年五月重修万宁桥，重建澄清闸于桥西。玄武池又称海子，建桥初期，众人仍称万宁桥为海子桥。"据调查考证，所说"重建澄清闸于桥西"，实际上水闸建在桥面西侧的桥台上。② 修缮后的万宁桥依然是桥闸一体的结构，但至于修缮万宁桥桥体的哪一个部分，史料中未明确记载。

据一些学者研究，明代除了在永乐和宣德年间对万宁桥进行修缮过之外，还曾对其有过有限的点缀。北京市文物研究所研究员陈平在《万宁桥说故》一文中指出："据报道，在 20 世纪 50 年代在整修马路，填塞桥下河道时，曾发现一尊石鼠造象。而在此不久，又在与之南北相应的正阳门桥下掘出了一尊石马造象。在中国古代十二生肖中，俗称'子鼠''午马'。如果将后门桥下石鼠与正阳门桥下石马连成一线，恰恰就形成了一条纵贯京城南北的中轴线——'子午线'。显然，这二者应是出于同时的一种刻意安排。"③ 作者认为桥下的石鼠是作为明北京中轴线的标志而出现的，可见万宁桥对北京中轴线的研究也是十分重要。

三、清代的万宁桥：交通和地理标识

清代，万宁桥依然起日常交通作用，因皇城北门叫地安门，万宁桥也称为地安门桥，简称"地安桥"或"后门桥"。除此之外，万宁桥也在日常生活中发挥地理标识的作用，交通便利加之人口聚集，万宁桥周围逐渐成为北京繁华之地。

---

① 申时行.《明会典》万历朝重修本 [M]. 卷 200.

② 孔庆普. 中国古桥结构考察 [M]. 北京：东方出版社，2014：42.

③ 转引：什刹海研究会，什刹海街道办事处，什刹海风景区管理处. 什刹海的桥 [M]. 北京：当代中国出版社，2006：32-33.

（一）交通功能仍存在

到了清代，万宁桥依然风光秀丽，一是清代延续了明皇城的规模，对皇城的水道没有做出太大改动。二是对水源进行了整治，开创了玉泉山—玉河—昆明湖—长河水系，满足了西北郊园林用水、漕运用水以及皇宫用水。三是清代经常疏浚城内水道，万宁桥周围的水域得到较好的保护。

清军入关后，因什刹海一带景色优美，新贵们的王府、花园多在此建立，满汉官宦以及文人也多在此休闲娱乐。万宁桥在地安门（后门）以北，是沟通皇城与内城的重要通道，为贵族官宦的出行集会提供了便利，清人黄钊在《帝京杂咏》一诗中写道："齐政楼高指丽谯，九衢尘土卷如朝。歌楼酒馆纷车马，转角来寻海子桥。"[①] 王公显贵乘坐车马从万宁桥上走过，坐在酒楼茶馆中喝酒品茶，议事交友。这些文人活动渲染了什刹海及万宁桥周边的人文氛围。除此之外，什刹海周围也是清代皇城内的商业闹市，"然都人士游踪多集于什刹海，以其去市最近"[②]。商业区和风景区结合，万宁桥两旁更是繁盛，每逢年节，不少小商小贩在此摆摊，甚至会把摊摆在万宁桥的桥头甚至桥上。由此可见，万宁桥也完全融入清代百姓日常生活中。

（二）地理标识

除了交通功能之外，万宁桥在清代还发挥着地理标识的作用。万宁桥在这一时期被赋予新的名称——"地安门桥"（或"后门桥"）。作为地理标识，万宁桥首先用来划分内外城，《清会典》中明确记载乾隆朝北京城城区划分就以地安门桥为界，"安定门内东至东直门街北，为北城所辖。街南与东城交界，南至交道口与东城交界；东至鼓楼，南至地安门桥"[③]。在嘉庆、光绪两朝依然以地安门桥作为城区划分的地标，不过以"后门桥"见于《清会典》，"……安定门内至交道口止，与东城交界，鼓楼前南

---

① 黄钊. 帝京杂咏 [M] //雷梦水，潘超，孙忠铨，等. 中华竹枝词. 北京：古籍出版社，1997：203.

② 光绪《顺天府志》卷130 附录1卷。

③ 《清会典·乾隆朝》，钦定大清会典则例一，卷149。

至后门桥止，与中城交界，西至德胜门内大街，街东系北城所辖"①。其次，万宁桥也用来明确其他建筑的位置。火神庙便是最好的例子，《宸垣识略》载："火神庙在地安桥北，庙后濒湖，有楼可以瞻眺。"② 同时万宁桥也是民众百姓参拜火神庙的路径之一。

万宁桥在人们日程生活中发挥着重要作用，官府也不断加强对其管理，在第一历史档案馆中检索发现，宣统二年（1910年），稽查处曾为内厅就应饬工程队将地安门桥东南积土挖出事移交营缮司，加强对地安门桥周边的管理。③ 此外，官府还对地安门桥周围出现的案件开展调查安排，道光十三年（1833年），奉天司呈镐核查无名男子在后门桥河内淹死一案；④ 光绪九年（1883年），后门桥西北河岸无氏妇人尸身，北城兵马司正指挥何振彩呈文请添派城指挥，一起来解决案件，验明妇人尸身。⑤ 这些档案可以看出当时后门桥周边有着明确的管理，但是仍存在着安全隐患，官府对于以上民事案件也是格外重视，及时回应解决。

如今，万宁桥被列为大运河世界文化遗产，经过一系列修复与重建后仍发挥着重要交通作用。桥体本身具有极高的历史、艺术和科学价值，对于北京城城市发展规划有着长久的影响，在之后的开发保护工作中应多加利用。我们不仅要把万宁桥当作一座静态的古桥，更应将它视为一个会呼吸的生命体，让它在文化的土壤中继续生存。

① 《清会典·嘉庆朝》，钦定大清会典则例二，卷774。

② 吴长元. 宸垣识略：卷八［M］. 北京：北京古籍出版社，1964.

③ 《为内厅移称应饬工程队将地安门桥东南积土挖出事给营缮司移》档案号：21-1043-0010存于中国第一历史档案馆。

④ 《为查核无名男子在后门桥河内淹死一案事等》档案号：16-01-002-000296-0039存于中国第一历史档案馆。

⑤ 《为呈请添派城指挥会同相验后门桥西北河岸无氏妇人尸身事》档案号：16-01-001-000099-0003存于中国第一历史档案馆。

园水互动：

北京三山五园地区园林水系变迁研究[*]

陈旭颖^{**}

【摘　要】三山五园地区是中国古代皇家园林的代表，园林水系的演变史承载了中国古代园林建筑的发展脉络，经历了辽、金、元、明、清各历史阶段的演变。本研究通过对北京三山五园地区园林水系变迁的深入研究，利用历史文献、实地考察和 ArcGIS 平台可视化手段，详细分析水网的演变关系、水系扩大的原因以及园林与水系之间的互动关系。研究表明，三山五园水系的形成与北京城的发展紧密相连，初期顺应自然，多为寺庙园林的雨水，后期的私家园林与皇家园林则融合了文人审美和皇家文化，同时水系又具有接济漕运、灌溉、防洪等实用功能。清代时，该水系达到鼎盛，体现了中国古代园林艺术的精髓。水系功能的多元化不仅增强了实用性，也丰富了文化内涵和审美价值。本研究为深入理解和保护三山五园这一宝贵历史文化遗产提供重要依据，以期为北京城市的可持续发展注入新活力。

【关键词】三山五园；园林水系；水系变迁

一、引言

三山五园地区是中国传统园林的重要发源地之一，拥有丰富的园林水

---

   * 本文是三山五园研究基地研究课题"三山五园学学科理论体系构建研究"的研究成果。
 ** 陈旭颖，北京联合大学应用文理学院地理学硕士研究生。

147

系和水文化遗产资源。在《北京城市总体规划（2016—2035 年）》中，三山五园区域首次被视作一个统一的整体，规划蓝图中强调了对其山水相依的景观格局及历史河湖水系和水文化遗产要进行重点保护，旨在塑造一个独一无二的城市文化景观点。该区域坐落于北京西北郊，历史深处映照着以畅春园、圆明园、香山静宜园、玉泉山静明园以及万寿清漪园（今颐和园）五大皇家园林为中心，汇聚成的一片皇家园林集群。自金元起，北京西北郊的园林水系便初具规模，历经明清两代的发展和完善，形成了如今的三山五园格局。本研究的核心时段集中在明清两朝，一个被广泛认为是北京私家与皇家园艺艺术臻于极盛的辉煌时期，园林建设的繁荣景象达到了前所未有的高度。其中，颐和园、圆明园等皇家园林的水系尤为壮观，有天然湖泊，也有人工开挖的河道、水闸等设施。这些园林水系不仅美化了环境，还为调节气候、供水灌溉、排水防洪等方面发挥了重要作用。

目前，尽管关于北京三山五园的个别水系及园林历史有若干研究，但全面审视该地区园林水系变迁的系统性工作仍然比较有限，主要研究内容集中在三山五园地区内部分河湖水系的变迁过程、皇家园林的历史沿革、特定时期的水系变化、景观变迁等方面，如侯仁之①对昆明湖变迁进行了简单梳理；岳升阳②介绍了万泉河的起源及其历史改造过程；刘剑刚③分析了清代皇家园在园林功能、造园理念和园林造景三方面异于前代的特点；赵连稳④深入挖掘史料，对清代三山五园水系形成的过程做了比较系统详细的论述；陈静、李娜⑤分析三山五园地区景观的构成、多样性、破碎化和聚集度，探讨其景观格局和特征。为此，本文以期整合各历史资料及前人研究成果，全面系统地揭示三山五园水系与园林空间互动演变的过程。

① 侯仁之. 昆明湖的变迁 [J]. 前线, 1959 (16)：21.

② 岳升阳. 万泉河述往 [J]. 北京观察, 2013 (9)：70-75.

③ 刘剑刚. 清代皇家园林的兴造特色 [M] //张宝秀. 三山五园研究（第二辑）. 北京：九州出版社, 2021.

④ 赵连稳. 清代三山五园地区水系的形成 [J]. 北京联合大学学报（人文社会科学版）, 2015, 13 (1)：16-21.

⑤ 陈静, 李娜. 北京"三山五园"地区景观格局研究与分析 [J]. 北京联合大学学报（人文社会科学版）, 2016, 30 (1)：26-32.

随着城市化的快速发展和人口增长，城市化进程导致园林水系的填埋和淤积，产生水系断流、水质污染等问题。在当前背景下，本文通过梳理历史文献，结合 ArcGIS 平台可视化手段，系统研究三山五园地区园林水系历史变迁以及水系与园林之间的互动关系，不仅深化对古代园林水管理智慧的理解，也为三山五园这一宝贵文化遗产的保护、传承与发展提供科学依据，同时为现代城市园林水系规划与管理提供历史镜鉴，推动可持续发展和生态文明建设。

二、三山五园地区园林水系变迁的历史概述

自古以来，北京便是兵家必争之地，在辽金时期开始崭露头角，跃升为国家政治生活的重心。随后的元、明、清三代，这里见证了经济与文化的双重飞跃，蓬勃发展。作为历五个朝代之都，北京凭借其深厚的文化底蕴和浓厚的政治气息，为园林艺术的勃兴打下了坚实的基础。金朝时期，三山五园区域已萌芽了寺庙的建设，为该地的文化层积添上了最初的一抹厚重，而自明代始，私人园林的营造渐成风气，蔚然成风。及至清代，三山五园区域内的园林建设达到了前所未有的鼎盛，终而凝结为以"三山五园"为灵魂的园林集群，璀璨夺目于历史长河之中。

（一）三山五园地区的地理位置和环境特点

北京西郊"三山五园"地区位于京西海淀镇，地处永定河冲积扇的北部，是永定河冲积而形成的小平原。5000 年前永定河的改道促使该地区形成了台地和洼地两种地貌类型，后又有古清河的发育，古清河的沉积物以砂砾石为主，流水受到挤压，这里形成了一条潜水溢出带，因此聚集大量泉眼，使得该地区自然风光旖旎，水源丰沛，为日后"三山五园"的园林建设铺垫了坚实的自然基础。追溯至辽金时代，此地作为行宫别墅的营造起点，逐步从原始村落形态演进为巧夺天工的山水园林，功能与风貌随之焕新。

西北郊地区凭借其得天独厚的自然景观，成为北京屈指可数的风景明珠。西山与燕山环抱之下，香山倚西山东侧，峰峦如画，翠色满目；玉泉山作为西山一脉，清泉涌动，生机勃勃；而万寿山，则属燕山之余韵，静

卧一方。这种丰富的地貌特征，为园林择址提供了上佳选择，同时，丰富的地下水资源与交织的水网确保了园林的生态滋养。元代郭守敬主理的北京水系工程，如开通惠河、昆明湖的水源引入，进一步完善了玉泉山与万泉河的水系，随着园林建设的规模扩大，人工雕琢的水系日益繁复，最终在"三山五园"区域织就了一张紧密相连的水网，不仅促进了与京城的水上交通，也为游览路径增添了无限风情。

自金元以来，北京三山五园地带因自然环境的优越，水碧山青，早已声名远播，成为游赏胜地。明代起，私家园林的建设逐渐兴起，至清代达到高峰，随着皇家园林"三山五园"的精心构筑，王公贵族竞相在此选地造园，私家园林与皇家御苑交相辉映，构建了一个以皇室园林为中心，众多私园环绕的选址格局。西郊的文脉昌盛与自然之美，共同铸就了"三山五园"无可复制的魅力与风采。

（二）三山五园地区园林水系的历史演变

三山五园地区是中国皇家园林的代表，其园林水系的构建与演变历程充满了历史烙印和文化积淀。在漫长的历史长河中，三山五园地区的园林水系经历了多次演变和发展，承载着古代园林艺术的精华，也揭示了中华民族深厚的历史文化底蕴。在历史上，三山五园地区的园林水系也经历了多次变化和改造。这些变化和改造不仅反映了当时的社会、政治、经济状况，也反映了人们对自然和美的认识和追求。

1. 辽金元时期

辽代将幽州更名为南京，并设立为陪都，此番变动伴随着宫殿的营建，以及避暑与游憩所需的离宫苑囿的增设。1153年，金朝海陵王完颜亮实施迁都大计，由上京移至燕京，更名中都，此举带动了城市规模与功能的显著扩张，随之而来的是城市用水、灌溉系统、漕运及宫城园林绿化的大幅增长需求。因此，在中都西北郊，一场旨在优化水系的大规模治理工程应运而生。金章宗在此地域，利用山水之利，构建了玉泉山、香山等八座行宫，统称"西山八院"，金代为满足皇家园林的用水需求，并补充中都的水源，开始了有计划的水利整修工程。首先是对玉泉山周边的泉水进行了疏通整合，有效提升了瓮山泊（今昆明湖）的储水量与水源质量。其次，依据地形优势开凿了皂河，作为人工引水渠道，将瓮山泊蓄水引入中都，此举不仅显著增强了都城的水源供给，还促进了周边农田的灌溉与开发，同时，皂河亦成为连接皇家园林与城市漕运的关键水道。这一系列精心规划的水利工程，不仅保障了中都的日常用水需求，更为城市的长远发展与园林美学的提升奠定了坚实的基础。

元朝时期，为构筑宏伟的大都城，自至元四年（1267 年）起，即着手疏浚玉泉山诸多清泉，集水为力，同时疏通金水河以壮大瓮山泊之水域，并利用玉泉之甘洌，滋养宫苑，满足其用水所需。至至元二十八年（1291 年），郭守敬通过对西山地区地势及水资源的勘察，主导开凿白浮瓮山河，引山泉汇聚至瓮山泊，复经长河潺潺流入大都城内，同时在既有的闸河设施上加以疏通改善，为通惠河的漕运畅通无阻提供了充沛的水源支持。白浮瓮山河的开辟不仅极大地扩充了瓮山泊的储水能力，更使其蜕变为大都西郊一处风光旖旎的游览胜地。在此之前，玉泉山、寿安山、香山等周边山峦已见皇家建筑的踪迹，并对金朝遗留的玉泉山大承天护圣寺进行了扩建与更名，使之焕然一新。此外，自玉泉山西延至寿安山、香山区域，新建或修缮了昭化寺、大昭孝寺（今卧佛寺）和碧云庵等多处庙宇，并对金朝时期的大永安寺进行了整饬。西山因此成了元代君王频繁游历、赏玩的绝佳之所，自然与人文景观交相辉映，蔚为壮观。

2. 明朝时期

明代是北京私家园林的发展时期，大部分私家园林是别墅园，主要分布在西北郊。明初，南方移民在这里开辟水田，使得这里的田园风光宛若江南水乡，并与玉泉山、西湖相连。充沛的水源和优美的风景，吸引了官僚贵族来这里占地建园。其中，"勺园"和"清华园"最为著名，它们在园林艺术上达到了很高的水平。清华园以水景为主体，园内水网地带以湖泊为中心，河渠构成了水路游览和物资运输的通道。勺园拥有大面积的水域，桥、堤将各景点连接起来，构成了水上交织的景观，水色变幻丰富。

元末明初之际，随着白浮泉水流的枯竭，西湖之水域面积随之缩减。至永乐五年（1407 年），朝廷着手实施西山水系的疏浚工程，筑起了西湖堤坝，旨在蓄积更多水资源。明代早年，万泉河水系的初步整治工作启动，包括开设瓮山三闸，这一举措促使玉泉山之清泉汇流西湖后，借由长河南下，途经德胜门水关，最终注入京城，与大运河相通。这一系列措施有效增加了西湖的储水量。然而，步入明代后期，周边稻田的大面积开发严重侵噬了西湖水域，与此同时，长河也因年久失修而渐渐淤积堵塞，功能日衰。明初建十三陵，禁止白浮泉西流，同时白浮翁山河已经圮毁，无法引水到瓮山泊。三山五园区域的水源供给转而主要依靠玉泉山附近的泉水，这一变化间接为清代三山五园水系的深度整治与开发利用埋下了伏笔。清代在此基础上进一步理水筑园，为后世留下了辉煌的园林水景遗产。

3. 清朝时期

及至清代，统治者依循自然山水之妙，在京畿西北郊大兴土木，构筑皇家园林群，其辉煌自西山之巅的香山绵延至东麓的圆明园，园林如珠链般点缀其间。伴随园林建设的蓬勃，对三山五园区域水系的综合治理与扩建显得尤为重要且迫切。康熙年间开启了清代三山五园的营造序章。康熙十六年（1677 年），兴建了香山行宫；康熙十九年（1680 年），在玉泉山修建行宫，至康熙二十一载（1682 年）竣工，初名"澄心园"，后于三十一载更名，定为"静明园"。康熙二十三年（1684 年），在明朝武清侯的清华园旧址上，仿照江南园林修建了畅春园，此举亦标志着万泉河水系整治的启航。通过精巧的水系梳理与山水布局，万泉河之水潺潺涌入园中，成就了北区水景之绝美，且为防洪患，于畅春园西侧筑堤（即今日颐和园东堤）。同期，万泉河之水汇入丹棱沜，水域因之拓宽；更有圣化寺之建，深化了万泉河的治理，使之蔚为"大河"，潺湲流淌。

1709 年，即康熙四十八载，康熙帝将畅春园北侧一片精致小巧的园林恩赐予其第四子胤禛，作为赐园，并赐名圆明园。雍正三年（1725 年），雍正对圆明园实施扩增工程，将其作为自己长期居住的离宫御苑，在扩建过程中，巧妙引入了万泉河与玉泉山的活水，让清泉涓涓汇入园中，同时，东湖区域被拓展为福海，碧波荡漾，环海凿河，增添无限景致。雍正十年（1732 年），对静明园内外的河道进行疏浚，"静明园内河由闸夫挖掘"，而静明园外河的河道由于"被泥土堵塞"，也进行了疏通。至雍正朝末年，北京西北郊已悄然蜕变，成为皇家园林汇聚的瑰丽特区，这一系列的造园活动不仅美化了都城近郊，更为后续更为宏大的皇家园林建设埋下了伏笔，预示着一个园林艺术新时代的曙光即将绽放。

在清中期，随着西郊水利系统的梳理，皇家园林建设迎来了以三山五园为中心的黄金时期。清漪园与静明园皆得玉泉之水滋养而生，圆明园则通过万泉河与昆明湖的巧妙联结，实现了园林群水系的和谐统一。乾隆二年（1737年），圆明园扩建之举再掀高潮，长春园与绮春园应运而生。乾隆十年（1745年）香山行宫规模升级，两年后更名静宜园，更显尊贵雅致。随着园林建设在西北郊的蓬勃扩展，用水需求剧增，旧有的元明时期水系架构已难以承载。加之瓮山西湖堤坝年代久远，破损严重，对皇家园林的稳定构成了潜在威胁。面对此情，乾隆十四年（1749年）冬，一场全面而深入的水系整治工程在西北郊拉开序幕。一方面，加强了对玉泉山周遭泉水的整合与疏导，新辟多处泉眼与水道；另一方面，西湖得到了彻底的疏浚与扩容，变身巨大的储水库，命名为昆明湖，并增设坚固堤坝及精密水闸，以实现水量的科学调控。乾隆十五年（1750年）香山引水石渠的建设启动，至十八年（1753年），清漪园的营建亦随之展开。至乾隆二十三年（1758年），香山引水石渠工程圆满告竣，成功将西山清冽之泉引入玉泉山，经由涵漪斋汇入静明园，最终汇入玉河，流向昆明湖。其间，乾隆帝还于广润庙西北侧开凿两条泄水河道，北支绕过青龙桥汇入清河上游，名为北旱河；南支穿玉渊潭而下，接入西护城河，谓之南旱河，进一步完善了水系的排涝功能。乾隆二十四年（1759年），静明园南宫门外，"高水湖"与"养水湖"相继开凿，与玉河相通，作为辅助性水库，强化了水源调度。清漪园的落成、昆明湖及周边河渠的疏浚与扩展，不仅是对元、明以来北京西北郊水系建设的完美收官，更标志了"三山五园"这一皇家园林集群在京城西北郊的辉煌崛起，成就了古典园林建设史上的璀璨篇章。

乾隆年间，对万泉河流域的水稻栽培给予了前所未有的重视。在乾隆二十九年（1764年），万泉河经历了大规模的疏浚工程，旨在提升其灌溉效能，并在之后几年内一系列园林与庙宇的构建与水稻田的广泛开辟并举，这片土地的肥沃与自然禀赋成为开发的首要考量。同年，万泉河水系的疏浚与水田面积的扩充同步推进，伴随着挖河筑堤的浩大工程，万泉庄地区逐渐演变成为皇家御稻的主要产地。然而，水稻种植面积的迅速扩张也引发了对水资源的严峻挑战，对此，通过在长河与昆明湖东岸设置水闸，引水东注，有效解决了外堤稻田的灌溉难题。乾隆三十一年（1766年）在万泉河水源地修建了泉宗庙，一座彰显水文化精髓的泉宗庙拔地而起，不仅作为祭祀水神的圣地，更被赋予了皇家园林的特色，以水为主题，景观设计匠心独运。乾隆三十二年（1767年）后，熙春园与春熙院合并纳入圆明园体系，与原有的三园共称"五园"，展现了园林建设的宏大格局。与此同时，王府花园的建设工作迅猛发展，新建了十余个花园，包括十笏园、澄怀园、承泽园、朗润园、鸣鹤园、镜春园、春泽园、清华园、春熙院、自得园等，大多以水为基础，通过引水入园，形成了湖泊、河流、洲岛等各具特色的水系景观。

嘉庆、道光年间由于国势衰微，西郊皇家园林与王公赐园既有合并也有分割，如圆明园附园绮春园由多个赐园合并而成，熙春园又在道光年间分为东侧清华园和西侧近春园，但各园林中的山形水势未有大的改动。清晚期西方列强侵略导致城郊诸园遭到极大破坏，一直以重修皇家园林为主，一些私园易主，同时新建了礼王园、德贝子园、继园等私家别墅。

嘉庆出生并被赐居在圆明园，嘉庆四年（1799年）正式亲政，在位期间为了挽救帝国的衰败，苦心积虑但效果甚微；将含晖园并入绮春园，扩建并题点"三十景"；开始废弃畅春园，将春熙苑赏赐公主居住；对清漪园、长春园等皇家园林的多个局部进行改建。

道光正式废弃和拆除畅春园，将皇太后奉养在绮春园并时常前往问候；在位期间倡导勤俭节约，裁撤三山的管理人员，但同时也改建了圆明园中的多处景点；道光二年（1822年）将熙春园一分为二，更名为涵德园和春泽园并赐予两皇弟，圆明三园的格局也定型；拆除清漪园多个景点，大量裁撤静宜园陈设。

咸丰五年（1855年）驻跸圆明园居住办公；拆除泉宗庙、畅春园；将熙春两园更名为清华园和近春园，赐恭亲王、醇亲王以朗润园和蔚秀园。

咸丰帝在位期间内政外交形势持续恶化，咸丰八年（1858年），因战败被迫签署《天津条约》；咸丰十年（1860年）时，再次战败于英法联军，导致三山五园多座皇家园林遭到英法军队的洗劫，后来圆明园及三山诸园被英军焚毁；同治年间，原本计划对圆明园进行重建，为此拆除了周围附属园林中存留的建筑木料。然而，由于财政拮据，这一计划被迫搁置。直至光绪十年（1884年），历史的机遇转向了清漪园，特别是其前山区域，迎来了一场精心策划的修复与新生，修复完成后，它以崭新的身份——颐和园，重新屹立于世人面前。不幸的是，1900年八国联军的铁蹄踏入北京，尽管颐和园主体幸免于直接的战火摧残，却难逃大量珍贵文物被掠夺的厄运。与此同时，圆明园内，那些历经风雨仍坚强挺立的建筑遗迹与古木，也遭遇了国内民众的哄抢，昔日辉煌几乎被剥夺得片甲不留，令人扼腕。

三、三山五园园林水系的功能演变及其互动关系

为解决漕运水源，金代利用永定河的尝试失败后，将解决水源的注意力转向了高粱河水系。高粱河被金人称为皂河，其发源于今紫竹院内湖，在金代之前仅起到灌溉农田的作用。为解决漕运缺水问题，金代开始尝试利用瓮山泊一带的水源，组织人力打通了万泉河水系与高粱河水系之间的分水岭——海淀台地，将西北郊的水源导引到闸河以通漕运。高粱河水系的水源，除了用作农业灌溉、漕粮运输，还被用作皇家园林用水。

经过元代一系列的水利开发，尤其是开挖白浮瓮山河，以利漕运，解决了大运河的上源补给问题，使大都漕运水量达到顶峰，三山五园地区的水系格局也初步形成。瓮山泊至大都城的这段高粱河，不仅作为连通两大陂塘的供水渠道，还为帝王游赏郊野提供了便利的水路交通。元大都的水利建设最终形成了金水河、高粱河两进，坝河、通惠河两出，瓮山泊、积水潭两大蓄水水面格局，西北郊调蓄区沿瓮山泊—长河—高粱河水系形成的主要的城市生态廊道，为明清皇家园林建设奠定生态基础。

明代北京由于初期迁都和皇陵的建设，白浮泉水源湮废，西北郊玉泉水系成为瓮山泊的上源，水源锐减导致积水潭一分为四，不再作为漕运码

头，通惠河行漕至城外大通桥。纵观明代城市水利格局未发生较大改变，积水潭对运河的调控功能消失，转变为景观和农业灌溉用水。明代长河（又称玉河）重新连接起玉泉水系、瓮山泊与什刹海，漕运功能地位的下降反而使得游赏功能兴起，成为重要的城郊著名景观廊道。

清朝整治西郊两大水系后，形成了西山—玉泉山—玉河—昆明湖—长河这样一个可以控制调节的供水系统和集蓄洪、灌溉、漕运、水景多功能于一体的综合水网体系。两条供水体系：一条是玉泉山水系，主要为北京内城供水；另一条是万泉河水系，供给沿途皇家园林及寺庙。园林水系的功能由最初的以漕运、皇家用水为主，游赏为辅，转向城市供水、漕运接济与游憩观赏相辅相成、互相作用。

四、结论

北京三山五园地区园林水系变迁不仅是自然环境的演变过程，更是文化与历史发展的重要载体。本研究根据查阅不同历史时期的史料记载与文献调查，配合实地考察的结果，研究三山五园内的水网变迁的演变关系、水系扩大的原因以及堤防闸坝等水工设施建设的布局，通过历史剖面展现其前后变迁过程，并通过 ArcGIS 平台将其可视化。从历史的长河中追溯三山五园地区的园林水系的形成与演变，与北京城市的发展和变迁紧密相连。初期，这些园林水系的构建多基于自然地形和水源，体现了古人顺应自然、和谐共生的理念。随着时代的推进，园林水系不仅承载着灌溉、防洪等实用功能，更逐渐融入了皇家文化、文人雅士的审美情趣，成为文化交流和艺术创作的场所。

在清代，三山五园地区的园林水系达到了鼎盛时期，不仅规模宏大，而且设计精巧，体现了中国古代园林艺术的精髓。然而，随着社会的变迁和历史的更迭，这些园林水系也经历了多次被破坏和重建。特别是近代以来，城市化进程的加速使得这一地区的园林水系面临着前所未有的挑战。

三山五园园林水系历经多个朝代的演变，其功能从单一的灌溉与漕运，逐步拓展为集城市供水、游憩观赏、生态调节于一体的多功能体系。

这一演变不仅体现了人类对自然资源的不断适应和高效利用，也反映了北京城市发展的历史脉络和文化积淀。水系的多元功能不仅增强了其实用性，也丰富了其文化内涵和审美价值，使三山五园地区成为北京城市景观中不可或缺的重要组成部分。随着城市的发展，我们应继续深入研究并保护这一宝贵的历史文化遗产，发挥其在现代城市中的多功能作用，为城市的可持续发展注入新的活力。

参考文献

［1］蒋熙，许建和. 湖南省水文化遗产的发展历程和分布特征［J］. 中外建筑，2023（7）：14-20.

［2］李妍. 基于 GIS 的北京水文化遗产现状分析与保护研究［D］. 北京：北京建筑大学，2023.

［3］高语晗，魏菲宇. 浅析清代三山五园地区皇家园林理水与城市水系［J］. 北京规划建设，2023（2）：115-119.

［4］高竹军，彭相荣，李双江，等. 成都市水文化遗产特点及保护利用研究［J］. 四川水利，2023，44（1）：156-160，164.

［5］李晓玉. 北京通州区水文化遗产特征及保护探究［D］. 北京：北京建筑大学，2022.

［6］陈喜波.《水经注》易荆水与三山五园地区早期水系之关系：兼论三山五园地区早期文化遗产的价值阐释和保护利用［J］. 北京规划建设，2023（5）：62-66.

［7］孔繁恩，刘海龙.“水文化遗产”的价值特点与认知发展［J］. 风景园林，2022，29（2）：59-64.

［8］孙冬虎. 三山五园的时代命运与功能变迁［M］//张宝秀. 三山五园研究（第二辑）. 北京：九州出版社，2021.

［9］孙艳芝，张同升，何紫云. 三山五园地区水系格局与文化遗产遗迹分布关系研究［J］. 三山五园研究，2021（1）：51-66.

［10］艾君. 北京“三山五园”的形成以及历史文化［J］. 工会博览，

2021（26）：32-35.

［11］谭朝洪. 永定河（北京大兴段）水文化遗产价值评估及保护研究
［D］. 北京：北京建筑大学，2021.

［12］徐磊，田林，周远，等. 基于区域景观视角的三山五园地区水适应
性景观研究［J］. 北京规划建设，2021（3）：113-118.

［13］胡而思. 基于水利系统的北京传统城市景观体系研究［D］. 北京：
北京林业大学，2020.

［14］王玥，张博羽，逯燕玲. 长河连三山 水脉润五园［J］. 自然与文
化遗产研究，2019，4（9）：43-47.

［15］吴昕泽. 多元文化影响下三山五园地区私家园林空间特征研究
［D］. 北京：北京建筑大学，2019.

［16］王长松，李舒涵，王亚男. 北京水文化遗产的时空分布特征研究
［J］. 城市发展研究，2016，23（10）：129-132.

［17］李芸，张明顺. 什刹海地区水文化遗产的类型及特征探究［J］. 环
境与可持续发展，2016，41（3）：148-153.

［18］刘剑刚. 北京西北郊园林的变迁［J］. 北京规划建设，2016（3）：
80-85.

［19］李清玉. 自组织理论视角下三山五园地区功能提升研究［D］. 北
京：北京建筑大学，2016.

［20］谭徐明. 水文化遗产的定义、特点、类型与价值阐释［J］. 中国水
利，2012（21）：1-4.

北京新世界商场衰落原因探究[*]

钱子坤[**]

【摘　要】 "北京香厂新市区"是由民国时期的京都市政公所于1914—1919年依照西方城建理念所建立的一处新型市区。北京新世界商场是该地区的一处标志性建筑物，该商场在经历了初期的经营成功后，在此后数十年间却屡遭经营上的失败，商场亦未能得到重新运营。笔者认为造成这一现象的原因是由于经营不善与时局变化。

【关键词】 香厂地区；新世界商场；时局变化

"北京香厂新市区"是由民国时期的京都市政公所于1914—1919年依照西方城建理念所建立的一处新型市区，其建立促进了北京城市近代化的发展，具有较高的历史价值。京都市政公所起初建立这一市区的目的在于改善北京城市面貌和振兴北京商业发展，以发展商业为主，因而香厂地区在京都市政公所治理时期存在着大量的商业娱乐设施。筹建于1917年的新世界商场便是其中的一处标志性商业游乐设施。商场在建设之初的确因其自身特点而吸引了为数不少的游客，但仅在两年后便在营业上出现了诸多问题与困境，此后虽陆续改组为"新新世界"与"世界商场"，但该商场乃至整个香厂地区却再也没能恢复繁荣。本文拟从民国时期的报刊与档案资料分析造成这一结果的原因。

---

　*　本文为北京市社科基金重点项目"北京中轴线历史文献整理研究（1267-1912）"、北京学高精尖学科学生创新项目"清代北京中轴线历史文献整理研究"的研究成果之一。
　**　钱子坤，北京联合大学应用文理学院中国史专业硕士研究生。

一、新世界商场的营建与发展

香厂地区位于北京外城，在晚清时期，该地因地势低洼而长期成为夏季雨水的汇集之处以及周围龙须沟等污水沟的污水汇集之处。香厂地区的生活环境也因此变得相当恶劣。根据孙兴亚《民国初年的香厂地区》一文的记载，香厂地区的居民由于在该地的水洼周围多开设染坊与毛皮生意，加之水洼汇集了来自龙须沟等地的污水，因而臭气熏天，"香厂"实为"臭厂"。[①] 随着清末民初的厂甸庙会因道路修正问题而迁至香厂举办，香厂地区遂逐渐热闹了起来。因而早在清末新政时期，当时的清政府便意图在外城建立一处新市区，而外城因香厂地区空地较大而成了首选。这一工程因之后辛亥革命爆发、清王朝被推翻而暂时搁置，在民国成立后，受西方思潮的影响，新成立的"京都市政公署"在朱启钤的督导下对北京进行一系列的城市改造工程，而对香厂地区的改造便是其中的一大重点。

1919 年由京都市政公所所编纂的《京都市政汇览》中对于香厂新市区的定位如此写道："旧日都市沿袭既久，阗阓骈繁，多历年所。而欲开辟市区以为全市模范，改作匪易，整理亦难。则惟有选择相当之地，以资拓展。使马路错综，若何建筑市房，建造若何规定，以及市肆物品、公共卫生，无不力求完备。垂示模型，俾市民观感，仿是程式，渐次推行，不数年间，得使首都气象有整齐划一之观。市阓规模具振刷日新之象，亦觇国之要务，岂仅昭美观瞻已也。矧京师市面，当元、二年间，日渐衰敝，公所因之亦觉模范市区难置缓图。当查香厂地面，虽偏处西南，而自前朝之季，已为新正游观之区。一时士女骈集，较之厂甸或且过之。是可验位置之适宜，人心之趋向。遂于民国三年，悉心计划，着手进行。计南抵先农坛，北至虎坊桥大街，西达虎坊路，东尽留学路。区为十四路，经纬纵横，各建马路，络绎兴修，以利交通。其区内旧有街道尚未整理者，则分年庚继行之。路旁基地，编列号次，招商租领。凡有建筑，规定年限，限

---

① 孙兴亚. 民国初年的香厂地区 [M] //北京市宣武区政协文史委. 宣武文史：第五辑，1996.

制程式，以示美观。"① 由上述内容我们可以看出当时的京都市政公所对香厂地区的建设有着相当明确的定位，即将香厂地区建设为商业发达且街道建筑整齐美观的模范市区。而此后最具标志性的新世界商场也随着新市区的建设开始建立。

新世界商场的建设始于1917年，来自上海的商人刘宝赓与周仲平从当时的华兴房产公司处租下了两块地皮并着手筹资兴建新世界商场。根据档案《北京新世界商场经理处集资章程》显示，该商场在集资建设时共集资20万元，面积约八亩，并立下"经理处租期租满二十二年后其地上建筑均归地主所有；本经理处均系华人为限"等条款。② 上述条款确定后，该建筑交由来自英国通和洋行的设计师麦楷设计，设计工作完成后，刘宝赓遂将设计图纸与建造申请一并交与当时的京师警察厅进行审核。

从北京市档案馆的现存档案中可以看出，当时的市属相关机构对于该商场的建造与规划表现得相当关心。首先是京师警察厅在一份1917年3月8日至京都市政公所的公函中向京都市政公所说明了申请情况并提交了设计图纸。京都市政公所在随后的签呈中对该商场的股份所有制、避雷针的设置、商场铁栏杆及阳台的设置问题、消防安全工作问题以及商场每层的巡警设置问题均作出了详细批示。京都市政公所与警察厅在随后的数个月内亦对该商场的建造图纸作出了数次修改批示，在这种情况下，新世界商场的建设工程得以在次年顺利竣工并得以开张。③

建成后的新世界商场是一栋集商业、娱乐和餐饮于一体的综合式建筑，共有五层，内部除了有饭馆，还有屋顶花园、哈哈镜等娱乐设施。除此之外，商场各层亦有电梯联通。在当时的北京，诸如西餐、哈哈镜与电梯等外来事物对城内的百姓而言尚属新鲜，因而该地与此后建成的城南游艺园一样成了北京南城最热闹的地方。商场即便是1921年被查出有质量问题后，当时的京师警察厅仍要求逢年过节时每天最多卖3000张门票，其热

---

① 京都市政公所. 京都市政汇览 [Z]. 京华印书局, 1919: 104.
② 《京师警察厅、督办市政公所经理科、营造局等关于周仲平等建筑新世界事宜的函、呈》, 档号 J017-001-00164, 北京市档案馆藏。
③ 北京市档案馆. 北京档案史料 (2006.4) [M]. 北京：新华出版社, 2006: 4, 21-44.

度可见一斑。①

二、新世界商场的治理危机

虽然新世界商场在开业初期迅速成了南城最热闹之处，但该商场在后续的运营过程中亦产生了不少问题。

首先是早在 1918 年时，新世界商场便已出现了向英商通和洋行欠款的问题，根据现存档案中的相关内容显示，商场方面应按照"所修房间及附属等件价值百分之五给予酬金"，而这笔欠款直至 1918 年 12 月仍未还清，当时惊动了外交部，外交部遂于第二年的 1 月 20 日责令商场还清债务。②

其次是在 1921 年时，当时香厂地区的另一大游艺场——城南游艺场出现了戏楼包厢坍塌而导致一人死亡的重大安全问题。有鉴于此，当时的京师警察厅于该年的 2 月 20 日以"公共游戏场所工程建筑最关紧要，查署境新世界商场及新明大戏院亦为游人聚集之所，其建筑是否坚固，职署无熟谙工程人员无从查悉，第以前车可鉴，自不能不加以慎重，且自城南游艺园肇事以后，一般市民对于新世界商场及新明大戏院谣言甚多"为理由对新世界商场的质量问题展开了调查。调查后发现"勘得该商场楼房亦多裂缝处所，屋顶石子均已消灭殆尽，油毡亦被雨水浸透，亟应及时修理更换"，京都市政公所得知这一情况后认为该商场虽然"就外表考察，亦无倾斜膦闪，惟楼砖多有裂缝"，但仍然出于安全考虑限制了商场每日的参观人数。但在随后的数个月中商场仍出现了一些更严重的质量问题，市政公所遂于 9 月责令商场方面迅速整改，这一问题直到该年的 10 月才宣告解决。

最后是在 1922 年时，新世界商场的电梯出现了安全事故，并导致电梯内出现人员伤亡，这一事件导致警察厅判决商场方面应支付 2000 银元的罚款，但商场自 1921 年 3 月开始便已出现游人数量大不如前的情况。因而该商场未能向政府缴纳这笔罚款，该商场也因此被勒令停业。至 1923 年时，

① 北京市档案馆. 北京档案史料（2006.4）［M］. 北京：新华出版社，2006：4，14.
② 《外交部关于为新世界商场欠英商通和洋行款项请令如数偿还的呈》，档号 J181-019-24792，北京市档案馆藏。

商场负责人刘宝赓意图重新融资开办商场，并将商场名字变更为"新新世界"。虽然根据一些资料得知该商场此时并未得到足够的资金，但新新世界商场还是于1923年8月强制二次复业。根据报刊内容记载，商场重新开办之初出现过"游人很多，每日不下五六千人"的状况。但此后再一次出现了楼房质量并不牢固，以及由于游人过多售票员无法一一检查，从而导致有人使用假入票券入园的情况。① 除此之外，该商场又陆续出现了盗窃频繁、游客间大打出手甚至出现游客坠楼等严重问题，就连商场副经理也因违法而被警察逮捕。在这种情况下，新新世界商场终于在1924年5月因"未取得足够股本、市面萧条、以致亏累甚巨"等彻底倒闭。② 商场大楼本身也被市政府查封并遭到拍卖以补偿欠款。此后1928年因国民政府南迁，北京被降为"北平特别市"，原本管理香厂地区的京都市政公所被撤销，香厂地区迅速萧条，而北京在此期间亦受到军阀混战的影响，新世界商场旧址亦变为军阀的驻军地。

三、振兴新世界商场的尝试与彻底衰落

1934年11月，来自东北奉天的商人黄赞侯在对新世界商场旧址进行视察后相当满意，遂于该年与东北商场职员王金凯及律师等人与原商场负责人刘宝赓达成协议，以每年三千元租金，其中前五年租金用以修理房屋等条件签订了出租草约，而在修理房屋问题上，同兴顺木厂以一万五千元的修理费中标且该年12月即可开始着手修理。黄赞侯等人随即在1935年4月13日从刘宝赓处顺利接收了商场并改名为"世界商场"。根据北京市档案馆所收藏的档案资料，目前可以肯定的是黄赞侯等人已在该年的四五月向北平市政府提交了申请。而当时的北平市市长袁良早在上任之初便已提出改善当时城市经济困难、城市面貌破败等问题的三年市政建设计划，因而市长本人对于重修新世界商场之事持肯定态度，认为"窃以该处为本区界内最大商场，故为繁荣市面保存建筑起见，实有整理之必要"，同时

---

① 新新世界发现伪入门券 [N]. 益世报—北京，1923-10-18（7）.
② 新新世界被封 [N]. 晨报，1924-05-17（6）.

也指示工务局研究修理方法是否妥善，并在施工时严加考核。① 北平市工务局在数月之后的 11 月 5 日对商场的修复做出了用料等方面的一系列具体要求。由于改动工程较大，仅保留外墙，内部原有结构需全部拆除，且工程用料要求较高，因此负责建筑材料的木厂直到 1936 年 4 月才可将建筑材料运抵北平，而负责人黄赞侯在该年 6 月一份呈交给工务局的函中表明修理该商场所花费的资金由于建筑材料的问题已超出原定预算，因此向工务局申请能否变更修理方案。工务局在批示中否决了这一请求。此后该商场的修理工程便因资金问题陷入了停顿，直到 1937 年 6 月，黄赞侯向工务局的致函中多数都是建筑执照的延期申请，而工程并未有实质性进展。②

"七七事变"后，随着日军占领北平与该年 12 月伪政府的成立，北平城内的局势逐渐趋于平稳，而世界商场的修复工程以及商场的所有权亦随着这一事件的发生而出现了一些变化。

商场负责人黄赞侯继 1937 年 6 月于向之前的北平市政府工务局提交建筑执照的延期申请后，于 1937 年 8 月 14 日再次以"变更修理""候市府补助费"以及新增的"卢沟桥事变"共计三条理由向此时伪北京特别市署工务局（以下简称"北京市工务局"）提交了"展期三个月"的申请。而该局在 26 日对此批示"照章本应不准，惟所述情节不无可原，姑准再展期三个月，以示体恤"，批准了黄赞侯的请求。③

虽然暂时无法得知在这三个月之后黄赞侯是否向"工务局"再次提交了延期申请，但可以确定的是根据当时《新民报》1938 年 12 月 19 日的一篇报道中写道："中日工商界要人集资合组世界商场，现已觅定南城万明路新世界商场旧址，由日商原田组株式会承建修理……问此项改建工程，三个月期内可以全部完竣……"，这表明该商场至晚从 1938 年开始，其承办工作已逐渐开始有日本商人参与其中，且该商场预计在 1939 年的二三月即可开办。

不过这一工程在这段时间内并未得到"工务局"的批准，根据北京市

①　北京市档案馆. 北京档案史料（2006.4）［M］. 北京：新华出版社，2006：4, 21.
②　北京市档案馆. 北京档案史料（2006.4）［M］. 北京：新华出版社，2006：4, 29-42.
③　北京市档案馆. 北京档案史料（2006.4）［M］. 北京：新华出版社，2006：4, 44.

档案馆现存的一篇题名为"北京特别市警察局、工务局、基泰工程司等关于万明路十八号修理楼房工程请为续修新世界房屋给予证明、请求申办与黄赞侯租权争执问题等的函、批、呈"的档案显示，该商场负责人黄赞侯于 1938 年 12 月 15 日曾向"北京市工务局"对工程延期作出如下解释："嗣以卢沟桥事变发生，因将工作停止，兹幸华北已得明朗，临时政府亦已成立，故所有远出之股东及担任工事之负责者均已前后回京，对于工事亦准备完成。惟钧局所发执照虽以期满，但因事变突然发生以致工厂半途决非故意延宕 籍辞尝试而有所希冀也"，并再次向"工务局"申请延期建筑执照。对此，"北京市工务局"派出员工郎子瑜对该商场进行了稽查工作。该人完成稽查工作后在 12 月 21 日呈交给"工务局"的报告中先是指出："据组织世界商场黄赞侯者以（二十四年份）甲子三二八二号报单称报修理该处楼房拟作商场使用，本局审查核准发给建筑执照，但黄某领照后迄未实施工作，后并数次请求将执照有效期展长先后均已批准。然与二十六年十一月间最后限期层满该户仍未施工，此为经过大？情形也。"此后描述了该商场的现状："者于日昨查勤之际由该商场门前经过。见该商场已闭之门开启有工人清理积土并在屋内锯料而门外空场亦卸有木料石灰等类在该楼东面并有工人絷搭木架，西南隅小门门口钉有小木牌一个，书有原田组（日商木厂）工人宿舍字样。当即询据黄赞侯代表人李松齐声称，此次修理系由黄赞侯与日人吉田学合作拟修理后开办世界商场等语，伏查该商场楼房甚为危险，于二十四年间调查已不能使用。其后虽经黄某呈报修理，迄未施工。"最后在报告中指出"倘以极危险之楼房未加修理而做商场于公共安全甚有关系"。由此可见，该调查员认为该商场建筑仍具有较大的安全风险，不适宜作为商场使用。可能是出于上述原因，"工务局"在该月 29 日对黄赞侯的请求所作出的批示中指出："呈具查前项修理工程系于二十四年间呈到局业经核准执照呈准展期三次现又逾期一年有余，所领执照逾期过久，照事应即作废，所请继续有效一节碍难照准……"拒绝了这一请求。然而当"工务局"在该日向负责修建工程的天津基泰工程司下达了立即停止工程，并说明负责人黄赞侯仍未向"工务局"上交工程图示的通知后，该工程司于次年 1 月 2 日的回函中并未对停工一事作出明确回答，但没有执行这一请求，且对图纸问题则作出了如下解释："窃查该项工程中途因事变停工，彼时市民黄赞侯云及亦不克继续修理，故敝工程司将京中所绘之图说俱存于天津基泰工程司图库保存，而董姓（即该工程司负责此项工程的人员）已派往南方任务，今者敝工程司已遣人将该图由津取出。窃查此图系二十六年绘出，若时间延长则不适用矣，故即呈请。"此外，虽然根据《庸报》于1939年2月16日的报道中声称："兹悉现有日人吉田学与华人黄赞侯，为繁荣该场附近市面计，现正计划于该楼修葺之施工，呈准市工务局后，即可鸠工庀材从事修理……"，这表明该商场表面上直到此时仍没有恢复修复工程，但"工务局"在该月17日致"北京特别市警察署"的公函中说明："现有日人吉田学与黄赞侯拟开办世界商场对该楼房鸠工庀料从事修理，未据呈报即行动工，嘱转令该管区署严饬先行停工等由，当经令行外五区警察署转饬遵照。"表明实际上黄赞侯等人对于世界商场的修复工程即便没有得到"工务局"的批准，但也没有被完全停止。

黄赞侯在1939年5月遇到关于新世界商场的租权问题，从北京市档案馆的现存档案来看，该问题的出现实际上起源于前所有者刘宝麟在从当时的华兴房产公司承租时因"地上所建房屋系为振兴市面起见"为由而没有立下房契，而当北平市政府开始重视房契问题时，新世界商场却早已因欠款而被法院查封，亦无人负责税契问题。针对以上情况，商场前负责人刘宝麟不得不致函"工务局"以澄清此事。这一事件最后以刘宝麟在函中说明"现问黄赞侯等已将租赁权让与日商河上光哉担任继续修理，而敝董事会与华兴公司亦承认河上光哉有继续修理之权"才告一段落。

从现有报刊资料来看，世界商场在由日本人河上光哉、吉田学等人经手后，终于在1940年2月完成了绝大部分的修复工程，并在该年7月至10月将所有手续准备齐全。据报刊中的相关报道所记载，此时的世界商场"建筑结构坚固"，且商场内部戏院在建筑上"完全改建，系用洋灰铁筋，兼设楼上包厢及散座"，舞台亦采用"世界最新型者"。除此之外，商场内部设计均由当时较有名的美术师负责。就上述内容来看，此时世界商场的开业似乎已是势在必行，但该年10月24日一篇名为"世界商场建筑物 工务局派员查勘 认为修理工程未臻完善"的报道则在文中说明了"工务局"

在派人对商场再次进行勘查后认为该商场仍在四个方面存在质量问题,并认为"纵观以上各项建筑物,既为收客多数人众之楼房,认为颇有改修加强添设消防及避难等设备之必要。故拟饬令该商场遵照改修添设或钦准改作商场,不准做娱乐场所之用,以示限制"。[①] 而在此之后,关于新世界商场的记录便寥寥无几。虽然根据一些报刊中的内容显示当时的日本宪兵队打算将该商场收购以作为"北京市商会"的新会址,但新世界商场作为一处商业游乐设施的作用便到此为止了。

总的来说,新世界商场在其开业初期由于京都市政公所对其关注较多,加之自身的经营特色使得该商场获得了巨大成功。一方面,随着商场本身的建筑质量问题以及后续经营问题的凸显导致商场的两次经营都宣告失败,该商场即便在1934年之后有着重新开业机会,也因为负责人资金不足以及商场愈发严重的建筑质量问题而未成气候;另一方面,1928年国民政府南迁及军阀混战所带来的一系列时局变化所导致的市场萧条进而导致整个香厂地区迅速走向衰落。因而新世界商场的衰败是经营问题与时局变化这二重因素所带来的结果。

---

① 出自《新民报—北京》,1940年10月24日,第7版。

近代北京地区的保险业

张紫君[*]

【摘　要】清末，北京地区保险业悄然兴起。当时，北京地区既有因帝国主义经济侵略而引入的近代保险业，也孕育了具有浓厚本土色彩的"旧式"保险组织。近代北京地区的保险业特点为：起步相对较晚，发展历经多重挫折。从政府南迁、抗日战争，到国民党发起全面内战，这些历史事件无一不对北京地区的保险业造成深远影响，使该行业始终未能实现充分发展。北京地区保险业在实际经营中还暴露出一系列问题，如私设代理机构的乱象、理赔条件不明晰导致的理赔困难、纵火索赔的欺诈行为、保险公司人员丢失保险费的违规行为等，这些都严重制约了近代北京地区保险业的健康发展。通过对近代北京地区保险业的考察和历史经验的学习，当前保险行业应在规范代理人管理秩序、加大保险条款宣传力度、加大骗保监督和惩戒等方面做出积极努力。

【关键词】近代保险；北京地区；经营乱象

1805年，英国商人在广东创立了近代中国第一家保险公司，标志着中国近代保险业的诞生。随着1840年鸦片战争的爆发，保险业迅速在中国沿海地区崭露头角。虽然北京地区地处内陆，其保险业起步较晚、公司数量较少、发展之路也更为坎坷，但在1928年之前，北京一直是中国的政治中心，即使迁都之后，仍是北方的重要城市，因此该城市的保险业发展历程

　＊　张紫君，北京联合大学应用文理学院中国史硕士研究生。

具有一定代表性。

自 20 世纪 80 年代起，学界开始对近代中国保险业展开深入研究，涵盖保险思想、保险立法、地区保险及保险险种等多个方面。然而，对地区保险的研究多聚焦于上海、天津、广州等沿海商埠地区，对以北京为代表内陆地区的近代保险研究较少。

本文旨在充分利用前人的近代中国保险业研究成果和北京市档案馆档案资料，对近代北京地区保险业发展历程和个案进行全面、深入剖析。本文希冀通过对近代北京地区保险业研究能够发现近代中国内陆地区保险业特点，从而更加全面地认识近代中国保险业的发展，为当今保险业经营提供启示。

一、早期北京地区保险萌芽

清末北京盛行的"太监养老义会"是一种具有互助共济色彩的组织，其运作方式带有原始的保险性质，与近现代意义上的保险制度存在显著差异。这些太监自幼便离家入宫，一生奉献给了皇室，直至年老体衰、无力再役，才得以离开宫廷。在养老问题上，他们中的少数人或许能依靠家庭支持。然而，对于大部分太监而言，他们晚年生活往往孤苦无依。面对这一困境，朝廷虽设有官方机构，承担了一部分为太监养老送终的责任，但仍有不足。于是，一些太监选择晚年投奔寺庙道观，而另一些人则选择结成"太监养老义会"。[①]

"太监养老义会"是由一群孤苦无依的太监自发组成的互助组织。他们通过相互扶持、彼此照顾，共同面对养老问题。该组织展现了太监群体面对困境时的智慧。然而，随着时代的变迁、社会的进步，原始的互助共济方式逐渐被近代保险业所取代。

二、近代北京地区保险业发展历程

清末，北京地区的保险业已初露端倪，这一时期的特点在于西方近代

---

① 方静文. 超越家庭的可能：历史人类学视野下的互助养老——以太监、自梳女为例 [J]. 思想战线，2015，4（4）：78-82.

保险业的传入与国内具有原始色彩的保险组织并存。随着外国势力的不断渗透，外商洋行的保险业务逐渐从沿海商埠向内地扩展。第二次鸦片战争后，保安行在北京设立分公司，祁罗弗洋行为 3 家外国保险公司在北京设立代理处。[①] 这些迹象显示出清末北京地区的保险业已处于起步阶段。与此对应的是，1909 年北京本土地区诞生了"当行保险会"。[②] 这一组织的成立，源于当铺有分摊经营风险的需求，其独特的运营模式表明近代北京地区对保险有实质需求，预示了北京地区保险业存在较大潜在市场。

北洋政府时期，北京地区的保险业逐渐得到了发展。1914 年出版的《新北京指南》，将保险作为独立的栏目列出，显示出保险在北京地区地位的提升。该"指南"载有保险机构 4 家，即英商仁记洋行、英商永年人寿保险分公司、福安保险分公司、华安合群保寿分公司。[③] 此外，同年金星人寿水火险分公司在北京地区设立。[④] 尽管保险在北京地区地位有所提升，但保险公司数量少，保险业依旧落后。1920 年前后北京地区的保险业得到了进一步的发展。据 1920 年出版的《实用北京指南》载：当年北京有中外保险机构 13 家，其中外商保险机构 7 家，华商保险机构 5 家，中外合资保险公司 1 家。[⑤] 观察北京保险业的发展历程，1920 年中日合办的东方人寿保险股份有限公司的成立无疑是一个里程碑事件。这家公司的成立标志着北京迎来了第一家将总部设在此地的保险公司。除了东方人寿保险股份有限公司外，大多数保险机构都是以分公司或洋行代理的形式存在。这一现象反映出当时北京保险业相较于上海、天津等金融中心城市，发展水平落后。

在 1928 年政府南迁中，北京的发展遭遇了严峻的挑战，当地的保险业亦未能幸免。1931 年，北京市内虽仍有中外保险机构 20 余家，其中华资保险机构的数量已锐减至仅有 3 家，全市保险公司职员也仅限于两三百

① 颜鹏飞. 中国保险史志（1805—1949）［M］. 上海：上海社会科学院出版社，1989：90-92.
② 颜鹏飞. 中国保险史志（1805—1949）［M］. 上海：上海社会科学院出版社，1989：124.
③ 北京市档案馆. 北京档案史料（1999.2）［M］. 北京：新华出版社，1999：286.
④ 颜鹏飞. 中国保险史志（1805—1949）［M］. 上海：上海社会科学院出版社，1989：152.
⑤ 北京市档案馆. 北京档案史料（1999.2）［M］. 北京：新华出版社，1999：287.

人。① 这一现状反映出华资保险在南迁风潮中受到了更严重的打击。随着时间的推移，北京地区的保险公司数量逐渐有所回升，但主导力量仍以外商保险公司为主。到了 1936 年，北京市的保险公司数量已超过 28 家，其中外商保险公司占据 13 家（未计入洋行），华资保险公司则有 15 家。除了中央信托局保险部代理处作为国营保险存在外，其余均为民营保险机构。② 华资保险公司与外商保险公司的数量相当，这一格局表明华资保险公司在市场中的竞争力得到了提升。此外，中央信托局保险部代理处作为国营保险机构，说明当时政府也在积极涉足北京地区的保险业。其余均为民营保险机构，则显示了民族保险业仍以民营企业为主要力量。《保险年鉴》这样评价北京地区的保险业："北平保险事务，初尚发达，今年以来，乃每况愈下，故华商公司之设分公司于此者，大半迁津或改为代理处，惟寿险公司尚能维持现状，仅华安合群保险公司及宁绍保险公司两件，而总公司则东方一家而已。代理处有中央、中国、太平、安平、天一、永安、先施、泰山、永宁兴华等家，业务均为见十分发达，故每年保费收入仅五万余元，而以外商公司计算在内，亦不过十万元左右，言之黯然。"③ 抗日战争的爆发对北京保险业的发展造成了致命的打击。1937 年"七七事变"后，随着日本侵略军的占领，北京的保险业遭受了巨大的冲击。在这一历史转折点，部分华商保险公司为了生存和延续经营，不得不作出艰难的选择，纷纷南迁以躲避战乱。然而，到了 1941 年年底，随着太平洋战争的爆发进一步加剧了局势的恶化，北京保险业的形势也愈发严峻。日本保险商在这一时期完全控制和垄断了北京市的保险业，本土保险行业几乎被完全边缘化。直至 1942 年，北京市才在极其困难的条件下，正式成立了保险业同业工会，④ 这标志着本土保险业在艰难环境中开始寻求自我保护和发展的道路。

抗日战争胜利后，民国政府迅速行动，委托中央信托局接管了日伪时

---

① 北京市档案馆. 北京档案史料（1999.2）[M]. 北京：新华出版社，1999：287.
② 北京市档案馆. 北京档案史料（1999.2）[M]. 北京：新华出版社，1999：287.
③ 沈春雷. 保险年鉴 [M]. 北京：中国保险年鉴社，1937.
④ 北京市档案馆. 北京档案史料（1999.2）[M]. 北京：新华出版社，1999：289.

期的各保险机构。与此同时，北京那些因战争南迁的华资保险公司也陆续恢复了运营，并且还有一些新成立的保险机构在北平崭露头角。至此，北京的华资保险机构总数达到了 20 余家，其业务范围多与天津、上海等地的保险业紧密相连，许多保险公司依赖于银行而存在。① 这表明战后的一段时间内，北京地区的保险业经历了一个短暂的复苏期，也显示出北京地区保险业与其他金融行业的紧密联系。然而，好景不长，由于国民党政府随后发动了全面内战，国内经济陷入严重的危机之中，原本期待的保险业复苏局面也化为泡影。从 1948 年下半年开始，保险公司纷纷因经济压力而不得不进行裁撤或停业。到北京解放前夕，仅有太平保险公司一家保险机构还在艰难维持运营。②

三、通过保险案件观察近代北京地区保险业存在的问题

自保险业传入我国以来，其经营过程中便伴随着诸多挑战和难题。这些问题不仅涵盖保险公司的运营管理，也包括因投保人骗保和双方理赔争议等。这些近代保险行业普遍存在的问题在北京地区亦无法幸免。

（一）私设代理机构

在民国十四年（1925 年），王冠卿经大北水火险烟台公司总经理的引荐，获得了大北水火险保险公司的经营许可，计划在北京地区设立分公司。然而，在未获得当地政府颁发正式经营牌照的情况下，王冠卿就在北京地区匆忙开展保险业务。他在同和旅馆租用了办公室，并借用旅馆的电话设施，雇用了两名员工，甚至还在《又新日报》上刊登广告以吸引客户。③

通过该案的发生，我们可以发现当时北京地区的保险行业是处于一个不成熟的状态。当事人王冠卿不知道在北京地区经营保险业务需要取得当地政府颁发的正式经营牌照。并且，他在旅馆租用的房间和设施以及其人

---

① 北京市档案馆. 北京档案史料（1999.2）［M］. 北京：新华出版社，1999：289.
② 北京市档案馆. 北京档案史料（1999.2）［M］. 北京：新华出版社，1999：289.
③ 《京师警察厅外右二区分区表送王冠卿私设大北水火保险分公司营业一案卷》，1925 年，北京市档案馆藏，档号：J181-019-45965。

员雇用数量，显然无法满足一个正规保险公司所需的办公条件。这两点都反映出当时保险行业从业门槛低、管理不规范、规定不严格等问题。从另一方面来看，虽然王冠卿的做法存在诸多问题，但也反映出当时保险行业呈现出较好的发展态势，更多的人想要从事保险行业，企图从中获利。此外，通过本案件，我们还观察到保险公司已知晓利用报纸广告来宣传业务，以吸引更多的客户。

（二）理赔条件不明晰，理赔困难

曾有一起案件涉及近代北京地区的保险理赔争议。案件当事人宋岐山是华西药房的经营者，曾通过福安保险公司为其药房内的家具及货物进行投保。其中家具保额为1000元，货物保额为3000元，该保单由福安保险公司邓颂唐负责签押。不幸的是，药房后来遭遇火灾，遭受了严重损失。宋岐山随即向保险公司提出全额理赔的要求，以弥补火灾造成的家具和货物损失。然而，在理赔过程中，福安保险公司总公司却提出了异议，他们认为，由于火灾导致药房的账簿被焚毁，无法准确核实货物的损失金额，因此仅同意按照保单约定赔付家具的损失1000元，而货物只能赔偿半数，并非投保货物保额3000元。[①]

本案中，宋岐山作为投保人，在其药房发生火灾后，有权利依据保险合同的条款要求保险公司进行相应的理赔。然而，由于火灾导致药房的账簿被焚毁，使得理赔金额的核定变得尤为困难。这里，我们发现一个关键问题：理赔条款规定不清晰。这可能是保险公司在制定条款时未能详尽明确，或者是宋岐山在购买保险时未能透彻了解条款，这可能是宋岐山的疏忽，抑或是保险销售人员主观上为了保险业务的顺利进行而未能充分向投保人解释清楚。无论是哪一种情况都表明保险公司在管理和服务上存在漏洞。

（三）纵火索赔

还有一起企图通过放火骗取保险赔偿金的案件。涉案人李小维，是北

---

① 《京师警察厅外右二区分区表送宋岐山控邓颂唐延不赔赏保险损失意存欺骗一案卷》，1927年，北京市档案馆藏，档号：J181-019-53440。

平市冰窖胡同义兴皮局的掌柜，其供词揭露了他策划这一行为的动机和经过。

掌柜李四维（李四维即李小维，可能是档案手写错误）的供言"自本年春间我铺因生意萧条，以至亏累，并有客人李秀峰赊去我铺货物价值洋一千赊元不知何往，我铺所有资本洋三千元，亏累无存，至废历八月间，我因生意无望，拖欠外债洋一千七百元，货物洋数百元，均无法偿还，我想起我铺在天津美商生昌行，担保货物等项火险洋六千元，遂起意放火，贪得保险洋"[①]。

李小维提到，自本年春季以来，由于市场的不景气，他的店铺亏损严重。雪上加霜的是，一位名为李秀峰的客人赊欠了他店铺价值1000元的货物，却不知所踪，这使得他的经济压力更加沉重。李小维原本拥有3000元的资本，但此刻已因亏损而荡然无存。而后，李小维的困境愈发严重。他拖欠了外债1700元，以及价值数百元的货物债务，这些债务让他无力偿还。此时，他想到了自己的店铺在天津美商生昌行所投保的货物火险，保额高达6000元。面对巨大的经济压力，李小维萌生了通过纵火来骗取保险赔偿金的念头，并进行实施。这一案件可以看出该保险公司对于投保人的品质和风险情况缺乏深入了解。在投保过程中，保险公司通常会对投保人进行基本的资格审查，但往往忽视了对投保人道德品质的深入调查。而品质低劣的投保人会利用这一漏洞，通过虚构事实、隐瞒真相等手段骗取保险金。此外也反映出当时社会和保险公司对骗保行为的打击力度不足，在一定程度上助长了投机分子的嚣张气焰。

四、对当今保险业的发展启示

通过以上发生在近代北京地区保险业存在问题的案例呈现和分析，我们可以得出对推动当代保险业发展有益的启示。

（一）规范代理人管理秩序

在保险业这一高度专业化的领域中，保险代理人作为连接保险公司与

---

① 《北平市警察局外一区区署关于冰窖胡同义兴皮局掌柜李小维意图诈取赔偿保险费放火烧毁房间的呈》，1935年，北京市档案馆藏，档号：J181-021-31466。

投保人之间的桥梁，其重要性不言而喻。由于保险险种繁多，保险条款复杂，保险代理人需要具备深厚的专业知识、良好的职业道德和卓越的服务能力，以确保客户的利益得到最大程度的保护。可以采取如下措施进行代理人管理秩序的规范：第一，严格用人标准。在招聘保险代理人时，应设定严格的标准，包括学历、专业背景、工作经验等。第二，加强培训教育。对于保险代理人，应提供入职时的系统培训，也应定期组织学习活动，不断提升其专业能力。第三，建立激励机制。通过建立科学的激励机制，鼓励代理人不断提升服务质量。第四，加强监管和评估。对代理人的工作表现进行定期考核，表现优秀的代理人给予奖励，存在违规行为的代理人予以处罚。

（二）加大保险条款宣传力度

保险条款本身具有复杂性，投保人在购买保险时往往只关注到保险责任本身，而忽视了这些责任得以实现的具体条件。这种认知上的偏差，常常在后续的理赔过程中引发保险人与投保人之间的纠纷。为了解决这一问题，保险公司应当加大对保险条款的宣传和解释力度。第一，简化保险条款。尽量使用通俗易懂的语言描述保险条款，避免使用过多的专业术语和复杂句式。第二，提供咨询服务。设立专门的咨询热线和在线客服，为投保人提供保险条款的解答服务。第三，提供案例说明。通过具体的案例向投保人进行展示，帮助投保人更直接地理解保险条款的含义和适用范围。

（三）增强预防骗保能力和加大骗保惩戒力度

在当今社会，骗保行为依然屡见不鲜，这不仅损害保险公司的利益，也威胁到整个保险市场的稳定和公平。为了维护保险市场的健康发展，必须增强预防骗保能力和加大骗保惩戒力度。可以从以下几个方面入手：第一，审核投保人信用。除收集基本信息和核实身份，保险公司还应深入调查投保动机，建立完善的信用评估体系。第二，提高员工对骗保行为的识别和防范能力。完善内部管理机制，对业务流程加强监督和审核。第三，加强宣传教育。提高公众对骗保行为的认识，鼓励公众积极举报骗保行为。第四，完善法律法规。明确骗保行为的法律后果，对于涉嫌骗保的行为，要依法严格追究相关人员的法律责任。

五、结语

北京地区的保险业在清末至解放前夕经历了从萌芽到发展再到遭受打击和复苏的曲折历程，其间经历了诸多波折。在保险业的实际运营中道德和法律问题时常对保险行业进行考验。也正是这些挑战和考验，为当代保险业的发展提供了宝贵的历史经验。